新版

どんな時も人生に「YES」と言う

諸富祥彦
Yoshihiko Morotomi

PHP

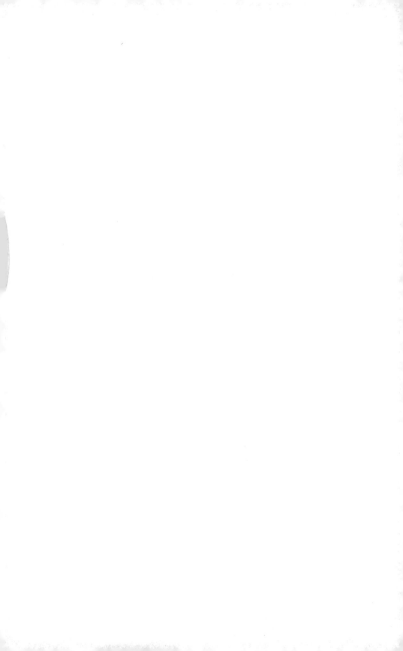

フランクルの「絶対肯定の哲学」——はじめに

この本は、次のような人のための本です。

◆毎日、それなりに楽しく、それなりに充実して生きているはずなのに、なぜか時折、たまらなくむなしくなることがある。自分の人生が「空《から》っぽ」に思えてしまう。

◆「私は、このために生きているんだ」というものを見つけられない。毎日の心のはり、生きがい、充実感を持てない。

◆「自分はなぜ、この世に生まれてきたのか」がわからない。

◆時々、すべてがいやになって、「もう、どうにでもなれ」と投げ出してしまいたくなる。人生が「大切に生きるに値するもの」とは思えないことがある。

◆「人間は、どうせいつか死ぬ。だったら、人生に意味なんてないじゃないか。

どう生きたって変わらないし、生きていても無駄だ」と思うことがある。

そんなふうに感じている方が、この本を読んで、自分を変えるきっかけのようなものをつかんでくだされば、と思っています。

しかし、「この本を読めば、あなたは絶対変われます」などと、ハッタリをかますつもりはありません。人間は、それほど簡単に変われるものではないことを、カウンセリングの実践をとおして、私は充分に心得ているつもりです。

私自身も、十代半ばから二十代後半にかけて「何のために生まれてきたのか」がわからず、悶々《もんもん》とした日々を過ごしていました。今思えば、いつ自殺しても不思議ではないところまで、追いつめられていたと思います。

多くの頭でっかちで思いつめやすい青年と同じように、私も「人生なんて何の意味もないのではないか」と疑いはじめました。疑えば疑うほど、この世の出来事すべてが無意味であるように感じられました。

また、単に無意味なのではなく、そのすべての出来事をひきおこす人間の欲望というものに辟易《へきえき》し、人間の世界や、さらには生命という生臭いもの自体を嫌悪し続けていました。「人類は、いったん滅んだほうがいいのだ」——そのようにさえ思っていました。

つまり「人生に意味なんてない」と冷ややかな態度で、この世の出来事を否定的に観察し、人間や生命を嫌悪し、否定すると同時に、自分自身をも嫌悪し、否定し、だんだんと生きていること自体に嫌気《いやけ》がさしはじめていました。

人生なんて、その無意味さに耐えたり、気晴らしで誤魔化《ごまか》したりすることのくり返しにすぎないと思っていたのです。

また、私は、もともとからだが弱いほうで、疲れやすく、今でも時折「もう全部どうでもいいや」と、すべてを投げ出してしまいたくなることがあります。三十八〜三十九度くらいの発熱が続いて、講演・執筆やら、すべてを放り出してしまいたくなることもあります。

本書は、「そんな私でも、こんな体験をもとに、こんなふうに人生を考えれば、人生が意味あるものに思えましたよ」と、私自身のことをベースにして、そこから、ほかの方にも役立つと思える部分を紹介したものです。

つまり、私はすぐくじけてしまいやすい、弱い性質の人間なので、自分を絶えず励まし続ける必要があったのです。そして、「こんなくじけやすい私でも、こんなふうに自分を励まし、こんなふうに人生を考えれば元気が出てくるのだから、それは、ほかの人にも役立つはずだ」と思って書いたのが、この本です。

人生は、ある時ある角度から見れば意味があるように見えるし、ある時ある角度からは意味がないように見えます。また、ある時ある角度からは生きるに値するように見えるし、ある時ある角度からは生きるに値しないように見えてきます。「あぁ、こんなことがあるのなら生きていてよかった」と思える体験があると、「人生のすべてが、このためにあったのだ。やはり人生には意味がある」と思えてきます。

また逆に、いやなことが重なって、「人生なんて、こんなことのくり返しにすぎないのではないか」と思ってしまうと、実際、人生そのものが途端に無意味に思えてきます。

しかし、今の私にとっては「人生には意味がある」と思える体験のほうが、ずっとリアリティがあります。

「人生には意味がある。一人ひとりの人生には、なすべきこと（使命）が与えられている」という人生観のほうが、ずっとしっくりくるのです。

私は今でも、心がくじけて、「もう、どうなってもいいや」と、生きるのがいやになることがあります。そんな投げやりな状態の時に、フランクルの本を手に取ります。この本を読めば、自分の生き方を本来の状態にスッと整えることができる。背筋がスッと伸びて、本来の自分に戻ることができる。魂に火がついて、「よし、もう一度、本気で生きてみよう」と思える。私にとって、そんな本です。

『夜と霧』『それでも人生にイエスと言う』の著者として知られるオーストリアの精神・神経科医、ヴィクトール・エミール・フランクル。

どんな時も、人生には意味がある。どんな人の、どんな人生にも意味があり、なすべきこと（使命）、満たすべき意味が与えられている。

そう訴えかけるフランクルの思想は、いわば「絶対肯定の哲学」です。本書では、この哲学と、その日常での実践方法について述べました。

少なくとも私自身は、どれほど落ちこんだり、生きるのがいやになったりしたとしても、これがあるから最後は絶対に立ち直れると思える――フランクルの哲学は、そんな存在です。


この本を手にした人の中には、次のような方もいらっしゃるかもしれません。

なぜか、次から次へと悪いことばかりめぐってくる私の人生。

運に見放された私は、もうどんなことをしても、幸せになんかなれないと思えてしまう。そんな、一見悲惨《ひさん》な人生を送っている方がいるかもしれません。

けれども、その場合でも、自分の中の何かを変えることによって、必ず「決して自分は悲惨でも、みじめでもない」と思えてきます。

「今から思えば、すべては起こるべくして起こったのだ」「すべてのことは必要だったし、私に何かを気づかせてくれるために起こった意味のあることだったのだ」と心の底から思える。誰を恨《うら》むでも妬《ねた》むでもなく、すべての現実をありのままに受け止めることができる。そんなさわやかな生き方ができるようになる「自分」の変え方があるのです。

どんな困難な状況にあっても、にもかかわらずなお、肯定的に生きていくことを説く哲学、いわば「絶対肯定の哲学」です。

それは、いかなるものでしょうか。

この本では、どこかむなしく満たされない人生を、心の底から充実したものに変える手がかりは、その人の「基本的な人生哲学」「基本的なあり方」を変えることにあると考えます。

「人生とは何か」

「人は何のために生まれてきたのか」

「人生は何のためにあり、だから人はどう生きるべきなのか」

このような、基本的な人生哲学、人生というものの基本的な受け止め方のところで、現代人の多くは、間違いをおかしてしまっています。

多くの人が、みな自分なりに一生懸命生きているのに、いっこうにほんとうの幸せや心の底からの充実感を手に入れることができないのは、基本的な人生哲学がおかしなものになってしまっているからだ。フランクル心理学では、そう考えます。そして私も、ほんとうにそのとおりだ、と思います。

多くの人が、どんなに一生懸命生きても真の幸せを獲得できないのは、基本的な人生哲学という、いわばこの「人生の基本の基本」のところで、ボタンをかけ間違えてしまっているからなのです。

たしかに、運のいい人生もあれば、運の悪い人生もある。それは事実です。けれど、よく見れば、いいことずくめの人生もないし、悪いことずくめの人生もありません。どの人の、どの人生にも、いいこともあれば、悪いこともあります。

にもかかわらず、ちょっとした不運な出来事やいやなことの積み重ねに、絶えずイライラと不満をつのらせ、人のせいにしたり、あたったりしている人がいるかと思えば、その逆に、端《はた》から見れば、自殺しても不思議ではないくらいひどいことや不運なことが次から次へと襲ってきているのに「どうってことないさ」とへいちゃら顔をして笑っている人がいたりする。それが、この世の中です。

つまり、人の幸せ・不幸せを真に決定するのは、その人の運・不運では決してありません。

人の幸せは、いいこともあれば悪いこともある自分の人生を「どう受け止めるか」、その「人生の基本的な受け止め方＝基本的な人生哲学」と、その人生哲学を体得し実践できるかどうかにかかっています。

だから、この人生哲学、人生の受け止め方を正さなければ、人は決して「ほんとうの幸せ」を手に入れることはできません。

自分がこの世に生まれてきたことの意味と、目的と、使命とを正しくつかみ直すこと。そして、それを叶《かな》えるように、かけがえのない日々を大切に生きていくこと。このことによってのみ、人は、ほんとうの幸せと、日々の充実と輝きとを手にすることができるのです。

逆に、「人生の基本の基本」のところでボタンをかけ間違えたまま、ただやみくもに一生懸命生きるだけでは、どこまでいっても、ほんとうの幸せを勝ち取ることはできません。

その人の人生の土台となっている「人生哲学」「生きる構え」そのものを正しいものに修正しなくては、真の幸せは、どこまでいっても手に入らないのです。

本書で、私は、フランクル心理学の基本的な考え方を紹介します。

それにより、「人間をほんとうに幸福にする基本的な人生哲学」とはいかなるものかを具体的に説き、その体得方法を示していくのです。

疲れきった仕事の帰り道。ふと天を見上げると、果てしない夜空（宇宙）が広がっている。

夜空を見上げながら、見えないどこかから、自分に送られてくる呼びかけの声に耳を傾ける。そして、この大宇宙の中で、自分のいのちが与えられたことの意味を、しみじみと実感する。

この世で自分のいのちが与えられたことには意味がある。自分のいのちには、この世で果たすべき使命（魂のミッション）が与えられている。

それを少しでも叶えられるよう、一日一日、心をこめて生きていく。

この人生哲学に従えば、私たちの人生に起こるすべてのことは、「人生からの問い」「人生からのメッセージ」です。その出来事のメッセージに耳を傾けていくならば、私たちの気づきの世界は絶えず豊かになり続けていきます。私たちに不断の成長をもたらしてくれるのです。

フランクル心理学などと聞くと、もうそれだけで「何だか難しそう。よくわからないかもしれない」と思われる方もいるかもしれませんが、心配はご無用。この本では、できるだけ心理学の専門用語を避けて、わかりやすく話を進めていくつもりでいます。

また、この本で、私は、一人の人間としての自分を開き、語っていきたいと思っています。

何も、私を人生の模範とせよ、などと言っているわけではありません。

後で述べますが、「人生とは何か」「人は何のために生まれてきたのか」「人生は何のためにあり、人はどう生きるべきなのか」といった問いは、青年期の私自身がかつて、まさに死ぬほど悩み苦しんだ問いでもあります。

そのほかにも、私はいつもたくさんの悩みを抱えて生きてきました。私は、この本で、そんな私自身の悩みと、それをどう処理してきたのかを語っていきたいと思います。

私自身の悩みと、その悩みがかたちを変えていくプロセスを語ることをとおして、みなさん一人ひとりが自分の人生を見つめ直し、変えていく一つのきっかけとしていただければ幸いです。


この本を、アメリカで出会ったマサエさん、ミチコさん母娘《おやこ》に捧《ささ》げます。

ミチコさんは、アメリカ留学中に交通事故で大ケガを負い、九死に一生を得たものの、車椅子の生活を余儀なくされました。

その頃、すでに五十歳近かった母親のマサエさんは、それまで海外旅行に一回も行ったことがなく、もちろん英語も話せませんでした。にもかかわらず、マサエさんは意を決して、アメリカに飛びました。そして以後十年間、車椅子にのった娘のミチコさんを介抱《かいほう》しながら、過酷《かこく》な闘いに挑《いど》み続《つづ》けてきたのです。

二人は当然のごとく、事故の加害者を憎みました。すべての自由を一挙に奪われた自分たちの運命を呪《のろ》いもしました。「もう生きていても仕方ないのでは」と母娘共々自殺を決意しかけたことも、一度や二度ではなかったといいます。

けれども、この世のすべてを恨み、憎み、呪い尽くした後で、二人はある日突然、それまでに起こったすべてのことを、あるがままにまるごと受け止められるようになりました。それればかりか、自分たちにこんな試練を与えてくれた人生に、感謝の気持ちすら抱くようになったというのです。

ある日、私をドライブに誘ってくれたマサエさんは、運転しながら、こう言いました。

「カリフォルニアのこの雲ひとつない青い空が、私は何よりも大好き。最近ね、私は、すべてははじめから決まっていたんじゃないか、娘が事故にあったことも、私がアメリカにいることも、すべてははじめから運命として定められていて、神様はこのまっ青な空を見せるために、こんな試練を私たち母娘にお与えになったんじゃないかって思うようになったの」

マサエさんとミチコさんの二人は、事故の後、すべてを恨み、憎み、苦しみ続けた自分たちを支えてくれたまわりの人たちに対しても、感謝の気持ちを抱くようになりました。

そして、その感謝の気持ちを表すために、自分たちがもらった慰めや励ましを、何かのことで苦しんだり困ったりしているほかの人たちに返していきたい。それが自分たち母娘二人の使命なのではないか。そう考えるようになりました。

私がマサエさんとミチコさんに出会ったのは、そんな時でした。

私が客員研究員として訪れたトランスパーソナル心理学研究所のあるパロアルトという街は、当時、ニューヨークを抜いてアメリカ一家賃が高くなったと言われていたところ。国家公務員としての出張費で泊まれるところはどこもなく、途方に暮れていた私を（どこの馬の骨とも知れないにもかかわらず）信用してくれ、下宿させてくれたのです。

下宿しはじめて驚いたのは、このお宅に、一日たりとも来客が途絶えたことがなかったことです。

マサエさんとミチコさんのお宅には、夕刻になると、アメリカ暮らしで孤独感にさいなまれている日本人や、周囲に溶けこめずに孤立しているアメリカ人が、毎晩のように押し寄せ、心を温め合っているのです。二人の家は、口コミで「いつもパーティーをしているところ」として知られていき、ますますいろいろな人が夕刻になると訪れるようになりました。

私には、とてもそんなことはできないと思うのですが、マサエさんとミチコさんは、どんな時に、どんな人が訪ねてきても、いやな顔ひとつせず、いつも温かく迎え入れるのでした。

二人は、決していやいやではなく、ごく自然に誰とでも笑顔で接するのです。二人の表情はいつも輝いていて、他人の世話をやいたり喜ばせたりすることが、そのまま自分の喜びにつながっている、「他人の幸せ＝自分の幸せ」という心の方程式が、ごく自然に成り立っている、そんな輝きのある笑顔でした。

こんな二人の生き方は、私に、フランクルの次のようなメッセージを思い起こさせます。

どんな時も、人生には意味がある。

どんな人の、どんな人生にも意味がある。この世にいのちある限り、あなたには満たすべき意味、実現すべき使命が、与えられている。

たとえ、あなたが気づいていなくても、それは、あなたの足下に、常にすでに送り届けられている。

未来のどこかで、「何か」があなたを待っている。「誰か」があなたを待っている。

この世のどこかに、あなたを必要としている「何か」があり、あなたを必要としている「誰か」がいる。そして、その「何か」や「誰か」のために、あなたにはできることがある。その「何か」や「誰か」は、あなたに発見され実現されるのを待っている。

だから、この人生で起こるすべてのことを――たとえ、どんなにつらいことでも――「人生からの問い」「人生からのメッセージ」として受け止めよ。意味あること、必要だから起こったこととして静かに受け止めよ。
その「何か」は、あなたに大切なことを気づかせてくれるメッセージを含んでいるはずだから。

その後、日本に帰ってきた私は、街を歩く人々の表情が、あまりに暗いのに愕然《がくぜん》としました。電車やバスに乗ると、みんな外を向いたり本を読んだりして、できるだけほかの人と視線を合わせないようにしていましたし、誰もが疲れきっているように見えました。

新聞やニュースでは少年たちによるいくつもの殺傷事件が報じられていましたが、実はこの国に住む誰もが、絶えず欲求不満状態にあってキレる寸前。誰もが心の中にナイフを隠し持っているのではないか。そんなふうに思えました。

その時、私は、マサエさんとミチコさんの、あの笑顔を思い出しました。

過酷な運命をも意味ある試練と受け止め、すべての出来事、すべての人々に対して感謝の念を持って生きる。あの二人のそんなさわやかな生き方を、今、私たち日本人は学ぶ必要があるのではないか。それができれば、この生きにくい時代にあっても生きる希望を失わず、さわやかに、前向きに生きることができるのではないか。そう思えてきたのです。

この本は、そんな思いで書かれたものです。

この本は、以前、大和出版から出した『どんな時も、人生に〝YES〟と言うフランクル心理学の絶対的人生肯定法』の新版です。

その後も私はたくさんの本を書いてきましたが、「私は、先生の本の中で、この本が一番好きです」と言ってくださる方も少なくありません。人生に絶望しかけた時に、ふと目にとまってこの本を読んでみたら明るい光が差しこんできた――そんなふうに言ってくださるのです。

三十五歳の時に書いた本を、六十歳になった私が読み直すと、多少恥ずかしい気持ちもありましたが、この本の「若さ」を大切にするために、できるだけ原著のまましました。

この本が、これからも、一人でも多くの方に生きる希望を与え続けてくれることを願ってやみません。

二〇二四年一月

諸富祥彦

[新版]どんな時も人生に「YES」と言う◎もくじ

第1章 なぜ、すべてがむなしいのか

「生きる意味を求める病」に取りつかれた私

第2章
欲望を満たしても、心は満たされない

第3章
「生きている実感」を取り戻したい

第1章

なぜ、すべてがむなしいのか

「生きる意味を求める病」に取りつかれた私

私がカウンセラーになった理由

悩み多きカウンセラー

私は、カウンセリング心理学を専門とする大学教員です。そこで、初対面の人と出会った時、いきおい、次のようなやりとりがはじまります。

相手「先生は大学の先生でしたよね。どんなことがご専門なんですか」
私「カウンセリングってご存知ですか……。私は、カウンセリング心理学を専門にしています」
相手「カウンセリングって、つまり、人の悩みを聴くあれですよね」
私「ええ、まぁ」
相手「前から思ってたんですけど、カウンセラーの人って悩みはないんですか」

私　「そんなことはありません。もちろん、悩みはあります」

相手「カウンセラーが悩んでいて、それでいいんですか」

私　「人間だから仕方ありません。いやむしろ、カウンセラーになる人は、もともとほかの人より、少し悩みやすい性質の人が多いと思いますよ。

　いつもクヨクヨ悩んでいて、いやになって、本気でその問題に取り組んで何とか解決した。それで、その悩みを持つ前と、本気で悩んだ後とで、自分の人生があまりに変わったものだから、『悩むって、実は素晴らしいことなんだなぁ。ある意味では、人生の中で悩んでいる時ほど、充実している時はないんじゃないか』などと思ってしまって。

『だったら、ちょっとおせっかいだけど、ほかの人の悩みのプロセスにつきあわせていただきたい。それは、もしかしたら、すごく意味のある仕事なのではないか』

　そう思ってカウンセラーになった人も、けっこう多いと思いますよ。

　実は、私もその一人です。

だいたい、あんまり悩んだことのないカウンセラーなんて、どことなく信用できない気がしませんか。悩みの大変さも身にしみてわかりはしないでしょうし」

相手「はぁ、そんなもんですか」

私「だと思いますが」

統計的なデータを目にしたことはありませんが、少なくとも、私の友人でカウンセラーになった人に関していえば、悩み多き人がたくさんいます。カウンセラー同士で悩みを相談し合うなんてことは、しょっちゅうです。

私は、もともと内向的で神経質。小学生の頃には、場面緘黙《かんもく》といって、教室に入った途端、緊張のあまり一言も話せない有り様でした。吃音《きつおん》やチック（顔の神経がひきつるなど）なんていう症状も持っていました。

私は百七十六センチとからだも大きいほうですし、あるテレビ番組に出て、大好きなアントニオ猪木《いのき》さんとプロレスの試合をしたりしたものですから、人からは頑《がん》丈《じょう》でたくましく、性格的にも図太いイメージを抱かれることが多いのです。しかし、実はもともと、かなり内向的で神経質。とくに人前で話すのが苦手で、ものすごく緊張しやすい性格でした。

からだもあまり強いほうではありません。いつも風邪《かぜ》をひいてばかりいますし、とても疲れやすい。最近、ちょっと元気が出ないのですが、これも、単に忙しすぎるからだけではなく、私の体力のなさによるところも大きいと思っています。

こんなふうに、私は、ほかの人と比べても、かなり悩みの多いほうだと思います。

では、なぜカウンセラーになったのかというと、十代の半ばに、一度ほんとうに死ぬ寸前までいくほど悩みこんだ時期があり、けれども、その悩みを悩みに悩みぬいた後で、ある大きな変化を体験したから――そして、その体験によって、自分が一気にラクに、自由になれたように思えたから――なのです。

まず、私自身のこの体験を語ることからはじめましょう。

中学生時代は「人生の勝者」だった

すべてがうまくいっていた……

はじまりは、中学三年の春。福岡に住んでいた私は、いわゆる田舎《いなか》の優等生でした。勉強がよくでき、その中学の首席連続記録を塗り替えたりして有頂天になっていました。昔のことだからハッキリ覚えてはいませんが、たしか県内で五位くらいの成績になったこともあったと思います。

当時の私は、すでに熱狂的なプロレスファン。近くでプロレス、とくにアントニオ猪木さんの試合があると、いてもたってもいられなくなり、それが県外でも、学校をさぼって電車に数時間ゆられ、応援に行っていました。

さらに、当時人気絶頂だったアイドルグループの元祖、キャンディーズの親衛隊で、福岡でコンサートやサイン会があった時には、風邪で熱が三十九度あっても、必ず駆けつけていました。

つまり、当時の私は、地方の優等生によくいる「よく学び、よく遊ぶタイプ」の典型でした。たしかに勉強はよくしましたが、しっかり青春を謳歌《おうか》してもいたのです。元来ひょうきんな性格のためか、友だちも決して少なくはありませんでした（もっとも、生徒会長に推《お》されて立候補した時は、あまりに演出がすぎて、落選してしまいましたが）。

私がそんな思春期を過ごしたのは、一九七〇年代後半。テレビドラマ「3年B組金八先生」の第一シリーズが放送された頃でした。校内暴力が次第に騒がれはじめた頃で、その少し後には、子どもが親を金属バットで殴《なぐ》り殺《ころ》す事件もありました。

また、当時すでに受験戦争は過熱していて、そんなことを思えば、勉強がよくできて、青春を謳歌していた私は、たいへんラッキーな少年だったというほかありません。この時点（中学三年の春の時点）での私は、たしかに人生の勝者だったのでしょう。自分でも、そう感じていました。

「楽しければそれでいい」の価値観

また、この当時の日本は、大衆のレヴェルで生活の「豊かさ」を実感しはじめた頃です。

それまでの高度経済成長時代の日本は、いわば追いつき追い越せ型で、豊かさという国家的目標を実現するのに全力を注《そそ》いでいたわけです。

しかし、私が中学生だったこの時点で、日本はすでにこの目標を半ば達成しており、「まじめに頑張る主義」から「快楽主義」へ、「楽しいことなら何でもありの相対主義」へと加速している最中でした。

クラスの人気者の条件が、「スポーツのできる人」「リーダーシップのある人」「勉強のできる人」から、「おもしろい人」「みなを笑わせることのできるひょうきんな人」へと変わっていく、その過渡期でもありました。

さみしがり屋で、目立ちたがり屋の私が、こんな風潮に敏感でないわけがありません。私はもともと、人を笑わせるのが好きでした（今も好きです）。小学校低学年の時には場面緘黙のために、教室に入った途端、からだが硬直し、一言も発せなくなっていた私が、四コマ漫画大会で人気者になったのをきっかけに、それが治ってしまった、という経験もあります。

だから、中学三年の頃の私は、以前にもましていっそう、人を笑わせて、自分が人気者になることの快感に酔いしれていました。さきに書いた生徒会長立候補の演説でも、いきなり「レディース・アンド・ジェントルメン」とかましたものですから、受けに受けました（受けすぎました）。しかし、私にまじめなところもあることを知らない上級生や下級生からの票がまったく集まらず、予定どおり落選した、という楽しい思い出もあります。

私自身の人生観も、この時代の支配的な価値観に、すっかり染まったものでした。つまり、周囲の快楽主義的な価値観に影響されて、「自分の人生は自分のものなのだから、まわりに迷惑さえかけなければ、どう生きようと自分の勝手」「結局、人生、楽しんだもの勝ち」という享楽《きょうらく》主義的な考えを、知らず知らずのうちに身につけていたのです。

そして、この価値観からいえば、「成績はいつも一番」「ひょうきんで、友だちが多い」という二つの武器を備えていた私は、まさに「成功者」だったのです

ここまで読んで、いかがでしょう。

何だ、とてもとても順調な中学生じゃないか、お前の自慢話につきあっている暇はないぞ、という気持ちになった方もいらっしゃるかもしれません。

でも大丈夫、ご安心ください。順調だった私の青春は、ここから一気に奈落《ならく》の底に転落していきます。

このまま勝ち続けて、何になる?

順調すぎる青春

さきに述べたように、十五歳までの私の青春は、とてもとても順調でした。恵まれすぎていたほど恵まれていた、と言っていいかもしれません。

けれど、ある日突然、その順調な青春に亀裂《きれつ》が生じます。

というより、まさにその「順調すぎるほど順調な青春」にこそ、私の精神的な危機の芽が内包されていたのです。

このことを説明する前に紹介しておきたいのですが、みなさんは、人間性心理学のアブラハム・マズローが説いた「欲求の階層説」(三十九ページの図一参照)をご存知でしょうか。

それによれば、人間には、いくつかの基本的な欲求、たとえば生理的欲求(睡眠をとったり食事をしたりする欲求）、安全の欲求（誰からも脅《おびや》かされず、安心して生きていける欲求）、所属の欲求（ある集団に所属していたいという欲求）、他者による承認の欲求（ほかの人から認められたいという欲求）、自己承認の欲求（自分でも自分自身のことを認められる欲求）といった「基本的欲求」があります。これらは、別名「欠乏欲求」とも言って、それが満たされなくては、先に進めなくなる欲求です。

これに対して、人間には「存在欲求」、つまり、ほんとうの自分を実現したいという「自己実現の欲求」や、自分を超えて真実の世界に近づきたいという「自己超越の欲求」というものもあります。この存在欲求は、それに先立つ「欠乏欲求」のすべてを満たした後ではじめて現れてくるものであると、マズローはだいたい、そんなふうに考えるわけです。

この考えでいうと、ふつう、中学生というのは、「他者による承認の欲求」や、せいぜい「自己承認の欲求」のあたりのレヴェルで生きています。たとえば、親や教師からほめてもらいたいと思って、頑張って勉強するのです。

しかし、みんながそう思っているから、相対評価の中で成績を上げるのは、なか

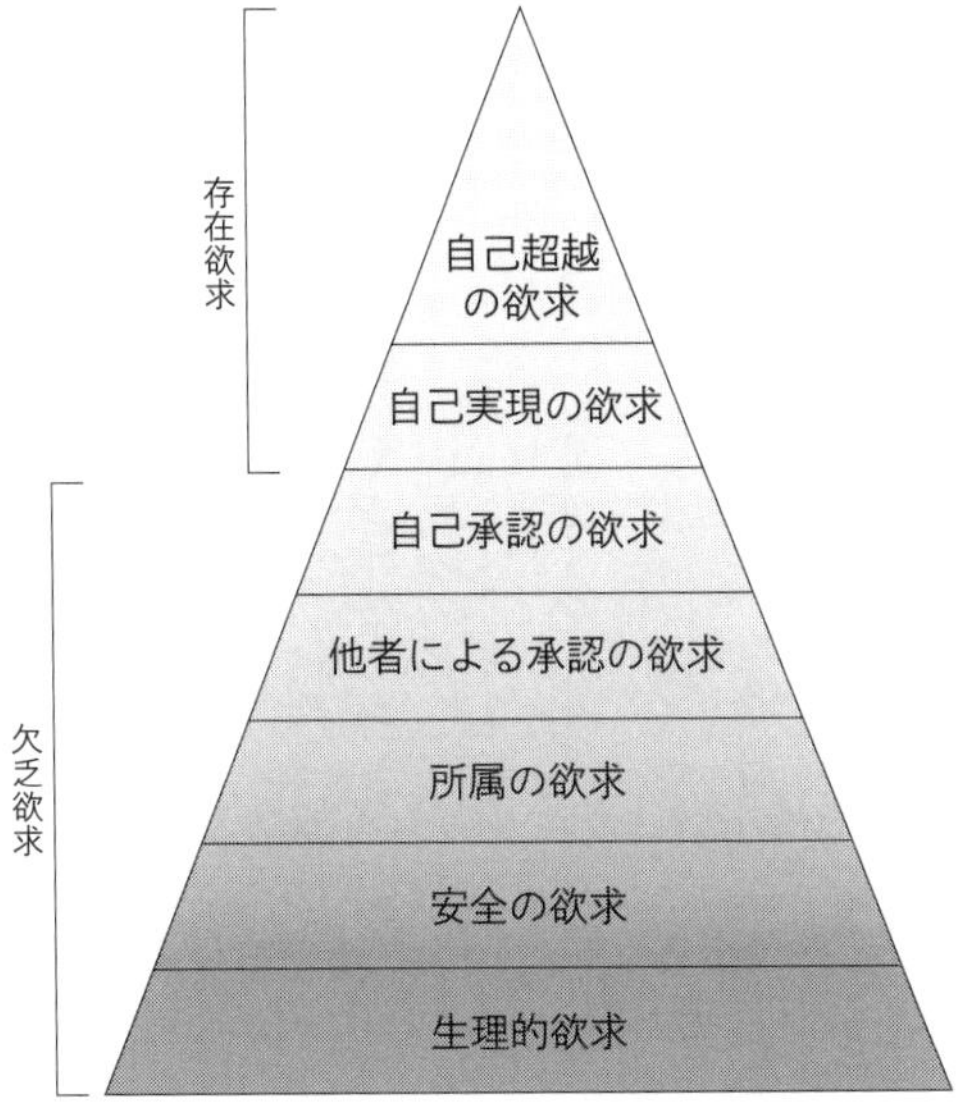

図1　マズローの「欲求の階層説」

なか難しくなります。たとえ、頑張って勉強して成績が上がったとしても、上には上がいて、その学校で一番というのは一人しかいないから、残りの何百何十人かは、どこか不完全なかたちで「認めてほしいのに認めてもらえないフラストレーション」を抱えなくてはならなくなります。

こうしてみると、多くの中学生は、周囲の大人から認めてもらいたい、もっと関心を示してほしい、と思っていて、「承認の欲求」あたりか、それより少し下のレヴェルの欲求が満たされずに苦しんでいます。たとえ、勉強がよくできて、学校でもトップクラスで、その意味では大人たちからの承認を得ている子どもでも、仲間からはガリ勉と思われて認められていないかもしれません。

よしんば、勉強ができて大人からも認められ、仲間から慕《した》われていても、思春期特有の悩み、たとえば、なかなか自分が好きになれない、自分の顔とか性格とか体型とか声とか、周囲からみれば何でもないのに、なぜか一生懸命自分の欠点を探しているかのように悩んでいることがあって、この場合は「自己承認の欲求」が満たされていないことになるわけです。

これを踏まえて、では、私自身の中学三年、十五歳までの「順調すぎるほど順調な青春」はどうだったかというと、多くの中学生が悩んでひっかかっている、こういったハードルは全部越えていたわけです。

成績はいつもトップだったから、当然、親や教師からは充分に認めてもらえる。毎日が楽しかったから、自分で自分のことが好きだったし、仲間も多くて、仲間はずれにされたなんていうこともありませんでした。さきのマズローの理論でいうと、基本的欲求は、すべて満たされている状態だったのです。

突然、すべてがむなしくなった

そんなわけで、まさに順風満帆《じゅんぷうまんぱん》な中学時代だったわけですが、実は、これが大きな罠《わな》でした。というのも、十五歳にして基本的欲求をほとんど満たしてしまったから、この時点でもう先が見えてしまったのです。「人生で人間が得ることのできる幸せなんていうのは、この程度のものなんだ」と思ってしまったわけです。

首席の成績表を見るたびに、他人を蹴落《けお》としてトップに立つエゴイスティックな衝動を満たされ、そんな自分を眺めてナルシスティックな快感に酔いしれる……今から思えば、実にいやらしい子どもだったわけですが、まわりの大人からは「勉強がすごくできて、それでいてガリ勉でなくて、友だちも多い」と、よくほめられていました。現代社会の競争原理に無自覚に乗せられたまま、その勝者となった私は、まんまと見事に社会適応的なエゴイストになってしまっていたわけです。

人間には、もともと自分の欲求が満たされると、その先にあるものを求めてしまうという、どうしようもなく欲深いところがあるようです。けれど、十五歳にして基本的欲求の大半を満たしてしまった私は、その時点で、「もう先には何もない」ことにうっすらと気づいてしまっていました。

このまま頑張って勉強すれば、たしかに東大に入れるかもしれない。卒業すればいい会社にも入れるだろう。会社に入るか、医者になるか、弁護士になるかは、まだわからない。わからないけれども、とにかく、それなりの社会的地位は手にできるだろう。学歴を活かせば女の子にもモテるかもしれない。

そして、頑張って名声を手に入れて、そのたびに僕は、「俺はＯＫだ、自分が一番で誰よりも素晴らしい」と自分に酔いしれるのだろう……正直に言うと、私は、こんなことすら想像してもいたのです。

しかし、そんなことを想像しながらも、ふと思ったのです。

たしかに僕は、このままいけば、自分の欲しいものを手に入れることができるかもしれない。いい大学に入って、社会的な地位を手に入れて、この社会の競争の中で勝ち続け、自分の欲しいものをすべて手にできるかもしれない。

……しかし、もし、そうだとして……、自分の欲しいものをすべて手に入れることができたとして、それがいったい何だっていうんだ？　そういったことをいつまでもくり返していくのが僕の人生だとすれば、そのことには、いったいどんな意味があるっていうんだ？

エゴイストが成功する不条理

また、たとえば、こんなことはどうなるんだろう、と私は考えました。

今、同じクラスにB君という不良少年がいる。彼は以前学校に、漫画本を持ってきて没収されたことがあった。けれど、僕が学校に漫画本を持ってきたのを見つかっても、先生はただやさしく叱るだけだった。この違いは、どこからくるんだろう。おそらく先生は、僕が優等生だから、見逃してくれたのだろう。

けれど、たとえばB君が自分のことしか考えず、またその時々のことしか考えていない刹那《せつな》的な快楽主義者、短期的な展望しか持たない中途半端なエゴイストだとすれば、僕のほうは、先々のことまで考えて、将来展望の上に立っている計画的な快楽主義者、長期的な展望に立っている徹底したエゴイストであるにすぎない。

どちらもエゴイスト、ただの快楽主義者であるという点で、二人のあいだに本質的な違いはないし、さらに、その徹底性という面で、僕のほうがはるかにエゴイズムに強く深く染まっているのは間違いない。また、そんな自分を強者として眺め、自分の強さに見とれて自惚《うぬぼ》れているという点で、ナルシストである僕のほうが、はるかにいやらしいのは間違いない。

それなのに、B君たちは叱られたり、漫画本を持ってくれば没収されたりするけれど、僕のほうは叱られたり没収されたりしない。そればかりか、エゴイズムの徹底の結果（成績優秀で人気者）、むしろほめられもする。

……これは、やはり、どこか矛盾している！　この世の中、何か狂っているのではないか。そんな疑問に苦しめられたのです。

エゴイスティックな動機から、うまく賢く生きれば生きるほど、また、競争ゲームの勝者としての自分に自惚れて、ナルシスティックな衝動を満たせば満たすほど、親や教師からはほめられ、社会からは地位や名誉を与えられる、という、この世の現実は、まさに不条理そのものにしか映りませんでした。

「ほんとうの生き方」にとらわれて

答えの出ない「問い」

中学三年の春、その時通っていた塾の講師から勧められて、たまたま太宰治《だざいおさむ》の『人間失格』を読んでしまったことから、世の不条理への疑問や嫌悪感は、私の中でますます強くなっていきました。

その思いは、おおよそ次のようなものだったと思います。

ぼくはただ、自分が楽をしたい、安定したい、名声を得たい、お金を得たい、つまりいい暮らしがしたいから、勉強をしているだけだ。学歴を手に入れることがその近道だと、みんなが教えてくれるからそうしているだけだ。

つまり、ぼくはただ、自分のためだけを思って、純粋に利己的な動機で勉強をしているにすぎない。なのに世間の人や大人は、勉強ができることを何かそれ自体いいことのように言う。これは何かおかしくはないか。この世の中は、何か、根本のところで間違っているのではないか。

もしこの世の中に、〈ほんとうの生き方〉があるのならば、その生き方をしたい。それが、ぼくの心を、どうしようもなく強く引きつけていく。

だから、〈ほんとうの生き方〉を求めて考えはじめると、ぼくは、途端に孤独になるし、充分に納得のいく答えはなかなか得られないから、何だかとっても追いつめられて苦しくなってしまう。

〈ほんとうの生き方〉を探し求めるのは、あまりに孤独でつらい作業だから、できるならそれをやめたいといつも思っていたけれど、いったん〈ほんとうの生き方〉を本気で求めはじめると、それはどうしようもない強さで、ぼくの心をとらえてしまう。

考えれば考えるほど、ぼくの心はぐいぐいぐいぐいと、どうしようもない激しさでこの問いに引きこまれていって、そしていつの間にかぼくは、この問いをめぐって考えをめぐらすこと以外には、何ひとつ手につかない状態に陥《おちい》ってしまう。この問いの答えを求めること以外の一切は、何かどうでもよい、些《さ》細《さい》なことにすぎないようにさえ思える。

あまりに強く激しくこの問いにとらわれるから、ぼくはだんだん、日常生活も満足に送れなくなって、生活無能者になっていく。それは、そうだろう。ぼくの心はいつも〈ほんとうの生き方〉を求める、あの問いだけにとらわれていて、絶えず「心、ここにあらず」の状態にあるのだから。

そして、こんなふうに、日常生活を半分投げ出して、大いなる犠牲を払ってこの問いを考え続けても、それでも満足のいく答えは、いっこうに得られない。ぼくは、ますます追いつめられてしまう。それがあまりにつらいので、時折ぼくは、

「神様、お許しください。ぼくはもう、死んでしまってもかまいませんから、もうこの問いから解放してください。

ぼくはもう、この問いに充分に傷《いた》めつけられ続けてきたので、心もからだも

傷だらけで、すでに生きている心地がしないのです。ぼくにとっては、生きていくことが、ただ、つらくて、つらくて、つらくて、もう、それだけのことになってしまっているのです。ですから神様、どうぞこの問いからぼくを逃れさせてください」

そんなふうに祈りを捧げたくなるくらいだった。

けれど、もちろん、ここでぼくが神様と呼んだその何かは、ぼくをこの問いから解放してはくれなかった。それどころか、その何かがぼくを常に見ているという意識が、ぼくをますますその問いから逃れられなくしていった。

そんな思いでいる時、太宰治『ヴィヨンの妻』の次の場面に出合いました。

「僕はね、キザのようですけど、死にたくて、仕様が無いんです。生れた時から、死ぬ事ばかり考えていたんだ。皆のためにも、死んだほうがいいんです。それはもう、たしかなんだ。それでいて、なかなか死ねない。へんな、こわい神様みたいなものが、僕の死ぬのを引きとめるのです」

「お仕事が、おありですから」

「仕事なんてものは、なんでもないんです。傑作も駄作もありやしません。人がいいと言えば、よくなるし、悪いと言えば、悪くなるんです。ちょうど吐くいきと、引くいきみたいなものなんです。おそろしいのはね、この世の中の、どこかに神がいる、という事なんです。いるんでしょうね？」

「え？」

「いるんでしょうね？」

「私には、わかりませんわ」

「そう」


私は、この「いるんでしょうね？」という問いかけを自分の中で反問し、そしてますますあの問いから逃れられなくなっていきました。こわい神様みたいなものから常に監視《かんし》され続けているようで、〈ほんとうの生き方〉を求める観念的な問いを、ひっきりなしに問い続けることしかできなくなっていったのです。

欲望のそのまた先の欲望

中学生のくせにこんなことを考えるなんて、よっぽど頭でっかちだったか、文学少年だったのだろう、などと思われるかもしれません。しかし、決してそんなことはありませんでした。

当時の私は、本なんてほとんど読んだこともなく、むしろ、プロレスの試合やキャンディーズのコンサートに熱中している感じでした。いわゆる文学少年の知的な雰囲気とは縁もゆかりもなかったのです。

では、なぜ私がこんな疑問を抱いたり、受験勉強をする自分にエゴイズムを感じて自分を責め続けたりしたのかといえば、やはり私が、マズローの言う基本的欲求のすべてをクリアしていて、したがって、そのどこにもひっかかることなく、そのような自分のエゴイスティックな欲望を相対化し対象化できたからだと言っていいと思います。多くの人が自分の欲望を対象化しえないのは、まさにその欲望が満たされておらず、そのため、その欲望にとらわれてしまっているからです。

基本的欲求のほとんどが満たされていた私は、したがって、どの欲望にもとらわれず、それを超えた視点から、自分の欲望を相対化し対象化しうる地点にいたのです。欲望の相対化なんて中学生にできるのか、と思われる方がいらっしゃるかもしれませんが、こうした内面的な作業に年齢など関係ありません。肝心《かんじん》なのは、欲望にとらわれているか否《いな》かなのです。

そして、人間としての基本的な欲求（欠乏欲求）が満たされ、それへのとらわれからすでに自由になっている人は、その後どこへ向かうのかといえば、人間としてより本来的な欲求、自己実現とか自己超越といった欲求から生まれる問題に取り組まざるをえなくなっていくのです。

当時の私も、決して例外ではありませんでした。

「何のために私は生まれてきたのか」「これからどう生きればよいのか。生きるべきなのか」という実存的な問いに、私は衝《つ》き動《うご》かされました。自分の内面のエゴイズムをどうするかが問題の中心として焦点化《しょうてんか》されていた私にとって、その問いは、

「エゴイズムから自由な、あるいはエゴイズムを超えた、〈ほんとうの生き方〉はどうすれば可能か」というものでした。

この問いは、まさにその答えを得なければ生きていけない問い、自分にとって決定的に大切な問いとなりました。この「何か」をつかまなければ、これから先、自分は生きていても仕方がない。この問いと無関係に生きていくのなら、医者になろうが弁護士になろうが暴力団員になろうが、結局は変わらない。そんなふうに思った私は、まさに朝から晩まで、毎日のようにこの問いを問い続けていきました。人生の問いの暗い渦《うず》へと吸いこまれていったのです。

「生きている実感」が消えてゆく

けれども、どれだけ問うても、結局、答えはどこにも見出《みいだ》せませんでした。「何のために生まれてきたのか」「どう生きるべきか」というこの問いに対して私が出した答えのすべては、「しかし、その答えもまた、お前のエゴイズムを満たすためのものではないか」という反問を生むだけでした。

「そんなふうにして、お前は、お前の心を落ちつかせようとしている。そんな答えを出して、お前は、まさに『こう生きればいいんだ』という心の安定の保障を手にしようとしている。しかし、そんなことをすること自体がまさに、お前の心の満足のため、お前の精神の自己利益のためではないか。それもまた、おまえのエゴイズムによるのではないか」

そんなふうに、私の答えは、その都度突き返されていったのです。

こうして私の、まさに命がけの問いは、しかし同時に、答えの出ない問いとなりました。高校生になっても大学生になってもそのままの状態が続き、私の頭が、否、私のからだそのものが、この問いにがんじがらめになったまま、実に七年が過ぎていったのです。

さらに悪いことに、この問いは、いつでも容赦《ようしゃ》なく、私の生活に侵入してきました。食事中であれ、友人や恋人との会話の最中であれ、試験の最中であれ――試験の最中にこの問いにとらわれるや否や、即座に答案用紙をひっくり返し、その裏面に、その時の私の思索の成果を書きこむ作業に専念せざるをえなくなるのでした。

生きた心地がしませんでした。生きているという実感が失《う》せていました。何か、この世界と自分とのあいだには、常に透明でぶ厚い壁があって、隔《へだ》てられているようでした。

季節の変化も感じられなくなりました。軽い離人感《りじんかん》があり、人と話をしていてもテレビの一コマを見ているようで、自分がこの人と話している、という実感を持つことができませんでした。世の中の時間は動いているのに、自分ひとりだけがそこから取り残されている。自分の時間だけは止まったまま。そんな感じで、どうしようもなく淀《よど》んだ時間の中で溺《おぼ》れているようでした。

「死ねば、この苦しみから解放される」――そんな解決策が、いつも切り札のような存在として、すぐ手の届くところに用意されていました。

私は結局、その後、七年間、この「哲学神経症」とでも言うべき病《やまい》にさいなまれ続けました。「生きる意味」を求める病に取りつかれた私の青春は、まさに暗黒の青春。生き地獄のようなものでした。

第2章

欲望を満たしても、心は満たされない

追うほどに逃げていく「幸福のパラドックス」

何かが足りない……

うっすらとした「むなしさ」

現代社会を生きる私たちの誰もが、と言って言いすぎであれば、大半の人が、心のどこかでうっすらと感じていて、悩まされている感覚があります。

それは「むなしさ」。自分自身が空っぽに感じられる、あの感覚です。

物質に恵まれたこの豊かな社会を生きていて、もっと幸せであっていいはずなのに、なぜか心の底から満たされていない現代人。

そんな私たちを、時折ふと襲うのが、この「むなしさ」の感覚です。

もちろん、今まで生きてきて、一度もむなしくなったことがない、なんていう人はいないでしょう。

お金もあり、まわりに人もいて、それなりに楽しく過ごしているのに、ふと気がつくと、「何かが足りない」。それが何かはわからないけれど、自分にとって大切な何かがそこにはない。

自分の人生には「中身」がない気がする。私、何だか、空っぽ――。こういう形容しがたい、空っぽな感じ、空虚感というものがあります。そして、それこそ、現代人の多くが無意識のうちに衝き動かされてしまっている感覚なのです。

たとえば、私たちは、もう食事はすませて、おなかはいっぱいのはずなのに、何かを口に入れたくなることがあります。それは「口寂しい」からです。

現代人が感じているむなしさは、この感覚に似ています。

自分はむなしいはずなんかない。毎日忙しく過ごしているし、まわりには常に誰か人がいる。

けれど、何かが足りない。

どこか、むなしい。自分自身の存在が空っぽに感じられてしまう。

そして、その空虚さを満たしてくれる何かを求めてしまうのです。

心の穴を埋めるもの

私たちを時折襲う「むなしさ」。

それは一見、取るに足らない、何でもないものと受け取られがちです。「『むなしさ』なんて誰にでもあるもので、毎日を一生懸命忙しく生きていればそのうち忘れてしまうもの」と考える人もいるでしょう。けれど、なかなかそうはいかないものです。

私たちは、自分の「むなしさ」と向き合うことがたいそう苦手です。ですから、それを何とか埋め合わせようと、必死に何かを求めてしまいます。

その結果、多くの人は「〇〇依存症」と呼ばれる状態に陥ります。「買い物依存症」「パチンコ依存症」「恋愛依存症」「子ども依存症」……キリがありません。

中でも、最も多くの人が関わっている依存症の一つが「アルコール依存症」でしょう。

あなたがサラリーマンだとして、一週間、一口も酒を飲まなくてもまったく平気だ、という人は、どれくらいいるでしょうか。おそらく、二～三日に一度くらいはアルコールが欲しい、と感じる方が多いのではないでしょうか。そんな方は、すでに軽度のアルコール依存症にかかっているかもしれません。

また、ある意味でアルコール依存症以上に多いのが、「ワーカホリック」、つまり仕事依存症の方です。

たしかに時折、むなしくなる。だから、自分の内面を見つめるのが何だかこわい気がする。そんなことをしても仕方がないから、とにかく毎日忙しく働き通して、前進、前進、また前進。自分の人生を見つめ直そうなんてすると、何だかとても恐ろしいことが起こりそうだから、そんなことはしたくない。だから、自分の内面を見つめずにすませるためにも、絶えず忙しくしていたい。そのためには、とにかく仕事に専念するのが一番、というわけです。

ほかの依存症、たとえばアルコール依存の人と比べても、この仕事依存の人のほうが、ある意味で質《たち》が悪い。

アルコール依存の人は、ふつう、そのために世間でほめられることはありませんが、仕事依存の人は「あの人は実によく働く」と賞賛の対象になりやすいからです。そのため自分が仕事依存であることを自覚しにくいのです。

これを読んでも「私は世のため、会社のため、家族のために一生懸命働いているのであって、決して仕事依存ではない」と思われる方もいると思います。

しかし、自分の内面をよく見つめてみてください。そこに何か、一抹《いちまつ》のむなしさを感じていたら、「自分は何のために、こんなに一生懸命働いているのか」と疑ってみる必要はあるでしょう。

私たちが自分の内面の空虚さを覆い隠すのに一番便利な方法——それが「絶えず忙しくする」ことなのです。

今、いくつか「○○依存症」の典型例をあげてみましたが、これらのほかにもいくらでもあります。

そして、それらに共通する特徴は、その人の「むなしさ」、心の空虚を埋め合わせるためにおこなわれている、ということです。

自分のむなしさと向き合うのはこわい。だから、絶えず何かを強く求め、その刺激に自分をさらし続けておくことによって、自分の感覚を麻痺《まひ》させていたい。むなしさを感じなくてすむようにしていたい。それが、これらの「〇〇依存」の背後にある隠れた動機なのです。

とめどない「むなしさ」へと向かう

では、なぜ人は自分のむなしさと向き合いたくないのでしょうか。

そのことによって、自分のより深い心の淵《ふち》に触れざるをえなくなる、ということをよくわかっているからです。

人は時折、どうしようもないむなしさの感覚にとらわれて、それから逃れられなくなります。見つめまいとしても見つめざるをえない、そんな感覚にとらわれて、自分ではいかんともしがたい底無し沼に足を取られていってしまいます。

それは、フランクルが、実存的空虚（Existential Vacuum）と呼んだ、底無しの空虚感のことです。

けれど、いったん実存的なレヴェルでこの「むなしさ」の感覚を味わってしまうと、もうどこまでいってもとめどなく、空虚感が押し寄せてきてしまいます。

最初は、「どこかもの足りない」「何か寂しい」といった程度だったのが、「なぜか、どうしようもなくむなしい」といった感じになってきて、そしてついには、「あれが、これがむなしい」というのではなく、「すべてがむなしい」「人生の一切がむなしい」と感じられてきます。「私は何のためにこの世に生まれてきたのだろう」「私が生まれてきたことに何か意味はあったのだろうか」と人生の意味そのものを疑うようになるわけです。

そして、こうなるともう、なかなかもとには戻れません。なかには「どうせ人生に意味なんてないんだ」「人生はむなしいものなんだ」ということを証明するために生きているかのような人も出てきます。

自分は不幸である、と思い、不幸な自分を自分でもてあましていて、だから幸福そうに見える人が許せない。この人生は意味に満ちていると思い、毎日をイキイキと生きているような人を見ると、「あなたは嘘《うそ》つきだ」と言いたくなる……そんな「逆恨み」の人生観で生きている人がいます。

このタイプの人は、人生そのもの、この世界そのものに復讐《ふくしゅう》をするために生きているかのように思えることがあります。

こんなふうに言うと、読者の大半は「私とは関係のない話だ」と思われることでしょう。けれど、この「むなしさ」の感覚、人生の意味についての疑いは、一度口を開けると、とめどなく大きくなっていきます。

多くの人が、自分を仕事依存にしたり、アルコール依存にしたりして、絶えず何かの刺激に自分をさらして麻痺させていようとするのは、この「むなしさ」の感覚がいったん口を開けると、どこまでもとめどなく広がっていくことを本能的に察知しているからだと言うこともできます。

だからこそ、そんなふうにならないよう、自分を何かの刺激にさらして、むなしさを感じないようにしている、自分の内側のむなしさから巧みに目を逸《そ》らそうとしているのです。

強烈なむなしさにとらわれる人々

哲学的思考にひそむ危険

ではいったい、なぜ現代社会では多くの人々がむなしさの感情を抱いてしまうのでしょう。

私が、中学三年の時から大学時代にかけて「生きる意味」の病にとらわれて、自殺寸前にまで追いこまれたのは、なぜなのでしょう。

もちろん、個人的な資質が関係している面もあるでしょう。

私の場合、いわゆる「哲学青年」タイプだったことが、人生に対する疑いを深めていったように思います。

このタイプの典型的な人に藤村操《ふじむらみさお》という明治時代の青年がいます。彼は、哲学的な疑問に迷いこみ、「人生は不可解だ」と言って自殺したのですが、この頃から、哲学に関心を持つ人は、どこか暗くて内向的で世間から浮き上がっているイメージを抱かれるようになりました。たとえば、こんなふうに言われます。

実際、哲学に首を突っ込むと、あらゆることの根拠を問いただささずにおれなくなり、さらにその根拠はどんなに問うてもますますそれが人間の分別をもってしては捉えられないということが明らかになり、それとともに、自分の存在も他人の存在も不可解に見えてくる。しかも宗教とは違って何の救いも約束しない。ただ、ひたすら考えぬくことのみを要求する。それゆえ、相当にタフな知性の持ち主でもないかぎり、ノイローゼになっても別に不思議ではない。実際、程度の差はあれ、哲学を勉強していて、精神科医か心理学者の世話を受ける必要がある人は少なくない。

（村本詔司《むらもとしょうじ》『ユングとゲーテ』人文書院）

「人生は何のためにあるのか」「私は何のために生まれてきたのか」という問いは、

「○○だから」と合理的な理由で答えることのできない問いです。論理を超えた問いと言ってもいいでしょう。

ですから、それをあくまで理詰めで問うていこうとすると、ますます、その答えがないことに直面せざるをえなくなってきます。その結果、人生の一切がむなしいのではないか、という疑問に駆られはじめることは、自明の理です。

しかし、哲学することの危険は、それにとどまりません。哲学することの徹底は、私たちの人格や日常生活そのものの破壊にまで及びうるのです。

このことは、近代哲学の祖といわれるデカルトその人が、すでに感じとっていたことでした。

よく知られているようにデカルトは、それまで当たり前だと思っていたことを、わざと徹底的に疑ってみる、という「方法的懐疑《かいぎ》」をおこなったのですが、これをおこなう際、彼は、その懐疑によって自分の生活が危機に陥るかもしれない、ということを予測しており、みずからの懐疑実験を「家の改築」にたとえています。

家を改築する時、私たちは仮の住まいが必要になります。それと同じように、哲学的な懐疑を徹底していく時にも、日常生活にまでそれが及ばないよう、「仮の住まい」を用意しておく必要がある、と考えたのです。ここでデカルトが言う「仮の住まい」とは、「常識」のことです。

つまり、哲学的な疑いをどこまでも押し進めていくと、私たちは狂気に陥ったり、安定した日常生活を送れなくなってしまったりする危険がありうることを、デカルトは充分に察知していました。藤村操のようになりうることをよくわかっていたわけです。

そして、そうならないためにも、ふだん以上に「常識」や「中庸《ちゅうよう》」をよく守り、常識的な日常生活の世界に、自分をしっかりつなぎとめておく必要があると考えたのです。

さすがデカルト、と私は言いたくなります。近代哲学をはじめた人は、そのこわさもよくわかっていた、というわけです。

すべてを疑う、という哲学的思考をどこまでも徹底していくことの危険性を見抜いていたのは、デカルトだけではありません。

デカルトの方法的懐疑を継承して、現象学をつくり出したフッサールという人も、その危険をよく見抜いていました。現象学を徹底することは、「人格の完全な変換」や「自然な生活姿勢の逆転」を招く、と言っていたのです。

さらにその現象学を引き継ぎ、その対象を日常生活にまで拡げていった「現象学的社会学」の創始者シュッツという人になると、もっと徹底しています。

彼は、実際、夜に哲学者としての仕事に没頭するかわりに、昼間は、銀行員というお堅い仕事についていたのです。それによって、自分を日常生活につないでおこうとしたわけです。

いずれにせよ、哲学的思考の徹底が、人を狂気へと、あるいは少なくとも日常生活の破壊へと導いていくことは、おおいにありうる話のようです。そして、その哲学的思考の矛先《ほこさき》を「人生の意味」に振り向けていったとすれば……。すべてがむなしく感じられてくるのは、当然のことなのです。

中高年期に、自分の存在が空虚に思えてくる

もちろん、空虚感に襲われて、「人生に意味なんてあるのか」と疑いはじめるのは、哲学青年ばかりではありません。否、むしろ、哲学的に人生の意味を疑いはじめるのは、青年期の、ごく一部の人間だけにあてはまることかもしれません。

多くの人が、生きることに空虚感を覚え、人生の意味を疑いはじめるのは、人生の転機となる三つの時期です。

感受性の強い人間であれば、人は、生涯で三度、人生の意味を疑うのです。

一回目は、思春期から青年期の悩みにおいて。

二回目は、中年期の危機において。

そして、三回目は、高齢になり死の訪れを感じることにおいて。

この三つの時期に、人間は空虚感に襲われて、みずからの生の意味を問うのです。

フランクルの熱心な読者は、三十代後半から六十代にかけて、とりわけ中高年の危機（ミドルエイジ・クライシス）のただ中にある人です。

中年期の危機の重要性を指摘したのは、心理学者のカール・グスタフ・ユングです。実際、ユングのもとを訪れたのは、社会的にも成功し、経済的にも恵まれた中年期の人々でした。

今の日本でも同様です。私のもとにカウンセリングに訪れたり、ワークショップに参加したりして、自分の人生を見つめ直す人にも、圧倒的にこの世代の方が多いのです。

ある六十代前半の方は言います。

「これから残りの人生を生きていく。それはあと二十年かもしれないし、三十年かもしれない。いずれにせよ、あっという間であることはわかる。

残りの人生を、どのように生きていこうか。

何だか、このままでいいような気もする。もう充分にやってきた気もする。仕事のことも、家庭のことも、もう充分にやってきた。充分に頑張ってきた。そんな気もする。これで充分じゃないか。

けれども、一方で、このままでは、何かが足りない気がする。これでほんとうに充分か、ほんとうに満足して死ねるのか、と考えると、やはり、まだ何かが足りない。そして、その何かをしなくては、心安らかに人生を終えることはできないような気がする。

その何かを探したくて、それが何なのかを探りたくて、先生のもとをお訪ねしました」

このように言われる方が多いのです。

「このままでいい気がする。もう充分やってきたではないか」
「でも、何かが足りない気がする。このままでは、心安らかに人生を終えることはできない気がする」

これが、中高年の方々、中でも、向上心を失っていない多くの中高年の方々が口々に発する言葉です。

これまでの人生を振り返ると、仕事の面では、まあまあ成功を収めた気がする。そこそこの役職にもついたし、収入もまあまあ得ることができた。私生活でも、恵まれたほうだと思う。子どもも立派に成人し、家庭を持ち、孫も生まれた。私生活でも、職業生活でも、まあまあ成功しているほうなのではないかと思う。

私の人生、こんなものだろう。まあまあ合格。人並みの幸せは充分手にすることができている。そんなふうに思えたりもする。

「これ以上、望んではいけないよね。とりたてて特別な才能があるわけではない私みたいなふつうの人間が、これだけの人生を生きることができたのだから。足るを知る、という言葉もあるし。充分満足。そう思わなくちゃ」

そう思う一方で、「でも、何かが足りない。満たされない。ほんとうに満足のいく人生かというと、心からそう思えるかというと……。せっかく、人間として生まれてきて、たった一度の人生なのだと思うと、もう少し、何かできたのではないか、そう思ってしまう。心の底から満たされた歓喜に満ちた瞬間。そういった最高の時間を持つことができるかもしれない……」。

いかがでしょうか。

この方のこの自問自答を「愚かだ」と思える人は、誰もいないのではないでしょうか。

私たちは、みな、死にます。とくに六十歳を過ぎると、そんなにこの先の人生がいつまでも続くわけではないことを、否が応でも実感せざるをえなくなります。

誰もが心の中で、「死ぬ時に、私の人生はこれでよかったのだ！　やり残したことなど、もう何もない。そう思える人生を生きたい」と願っているはずです。

ではなぜ、このように「まじめに生きてきた成功者」の方でさえ、六十歳を過ぎて生きることにむなしさを覚えるのでしょうか。

それは、その人が「この世」でのことにしか関心を寄せてこなかったからです。「生きてから死ぬまでのあいだ」のことにしか関心を寄せてこなかった。そのままでは、この問題に対する答えは見出しようがないのです。

人生は「この世」での四日間の修学旅行

私は、最近、人生を修学旅行にたとえて、次のように言うことがあります。

人生は、「見えない世界」から「見える世界」にやってきた「四日間の修学旅行のようなもの」です。

○歳で誕生した時、私たちは、「見えない世界」から、この「見える世界」に人間というかたちをとって降りてきます。「この世での四日間の修学旅行」のはじまりです。

修学旅行一日目、○歳から二十歳までです。まだ、この世での旅も初日。右も左もわからないままのスタートです。

一日目の終わりは二十歳。これからが大人としての人生のはじまりです。

二日目、修学旅行で一番楽しい時。いろいろなところで好奇心を満たしながら仲間ともワイワイ楽しい時間を過ごします。人生でいえば、二十歳から四十歳。もっとも活動的な時期です。

三日目、修学旅行も佳境です。一番の目的地にたどりつきます。人生でいえば、四十歳から六十歳。社会的活動の全盛期で、社会的地位も、もっとも高くなる時期です。

そして、いよいよ四日目。修学旅行の最終日。「今日で終わりか」と現実を受け入れながら、帰り支度をはじめます。

人生でいえば、ちょうど六十歳が、この四日目の朝と言えるでしょう。「死ぬこと」や「死んだ後のこと」に自然と関心が向きはじめる時期です。自分が間もなく死ぬことを受け入れ、「あの世」「見えない世界」に戻っていく準備をはじめざるをえなくなるのです。

中高年の危機は、この世での活動に没頭し、全力を尽くしている人が、次第に老いを受け入れ、「見えない世界」への帰り支度をするように迫ってきます。「見えない世界」への帰り支度がうまくできていない時に、中高年は自分が無価値に感じられたり、大きな空虚感に襲われたりするのです。

もちろん、生きている限り、人生を存分に楽しむことが大切です。せっかくまだ生きているのですから！　死ぬことや死んだ後のことが心配で日々を楽しめないのであれば、本末転倒です。

問題は、もう六十歳も過ぎているのに、いつまでも、この世での価値（出世、お金、名誉など）にしがみつき、執着している人です。もう修学旅行は終わりなのに、「まだ帰りたくない」と嘆《なげ》いているのと同じで、老いや死を受け入れることができていないのです。

六十歳にもなると、そもそも「自分がどこからこの世に来て、この世を去ったら、どこに行くのか」に思いをめぐらせるようになります。私たち人間は、「見えない世界」から「見える世界」に来て、そしてまた「見えない世界」へと戻っていく旅人のようなものです。

修学旅行の四日間があっという間に過ぎていく楽しい思い出であると同様に、私たち人間のこの世での生活も、ほんとうに瞬《また》く間に過ぎてしまいます。

そして、自分が間もなくこの世を去ることを自覚すればするほど、自分の人生に決定的に重要な「何か」が欠けていること、それを欠いたままでは、自分の人生が空虚だったとしか思えないことが気になって仕方なくなるのです。

「自分は、何のためにこの世に生まれてきたのか。その意味や目的を果たすことができたのか。この世で果たすべき使命のようなものがあるのだとしたら、私はそれをやり終えたと言えるのだろうか。そもそも、それが何であるかわからないまま日々を生きてきて、その人生がもうすぐ終わろうとしている……」

「私、何だか空っぽ。私の人生、中身がない。このままでは死ねない……」

こんな疑念が、払っても、払っても、拭い切れないほど大きくなっていく。いかんともしがたいほど、大きなものになっていくのです。

「幸福」や「自己実現」は、求めれば求めるほど逃げていく

幸福のパラドックス

「幸福になりたい」

「自己実現して、自分を輝かせたい」

これは、誰もが持っている願いです。そして、充分に叶えることがたいへん難しい願いでもあります。

とくに現代のように、社会が成熟して、やりたいことの大半を、それほど無理しなくても実現できてしまえる時代においては、「でも、これがほんとうに、幸せって言えるのか」という問いに、私たちは、絶えずさいなまれてしまいます。

「自分がほんとうにしたいことをするのが一番」とわかっていても、「でも、じゃあ、私がほんとうにしたいことって何?　そんなもの、私にあるの?」という問い

が、自分の胸に返ってきます。

まるで、自分の手から放たれたブーメランが、的《まと》を外して、自分の手元に返ってくるかのようにです。

そもそも、「幸福になりたい」「自己実現したい」という人間の欲望には、際限がありません。ある地位を手に入れたと思ったら、もっと高い地位が欲しくなる。ある程度の財産が手に入ったら、それを使って、もうひと儲《もう》け、と考えてしまう。ある程度有名になれたと思ったら、もっと名声を、と欲張ってしまう。そんなふうに、際限のない欲望に、私たちは絶えず駆り立てられてしまうのです。

ですから、「幸福になりたい」「自己実現したい」という欲望に駆り立てられている人間は、どこまでいっても、心の底から満たされることはありません。「何かが足りない」「どこか満たされない」という欠乏感を抱いてしまいます。そして、その欠乏感を埋めるために、「もっともっと」と、また同じように欲望を満たそうとし続けるのです。

これでは、欲望の蟻《あり》地獄にはまったも同然です。欲望に駆り立てられた人間は、まわりが見えません。

つまり、果てしない欲望ゲームの虜《とりこ》となった人間は、自分の内側に絶えずどうしようもない欠乏感を抱えていて、「永遠に不満の状態」に陥らざるをえなくなってしまうのです。

幸福や自己実現は、それを追い求めれば追い求めるほど、自分の手から逃げてしまうという、人生のこの逆説的な真実。

古来、哲学者たちはこれを「幸福のパラドックス」と呼び、それに陥ることのないよう人々を戒《いまし》めてきました。また、仏教をはじめとする諸宗教も、果てしない欲望の循環に陥っては、真の心の平安は訪れないことを洞察し、そこから抜け出る道を説いてきました。

幸福とか自己実現というのは、一見、疑いようもなく、よいこと、正しいこととみなされがちです。

たしかに、人は幸福になったほうがいい。また、自己実現して、自分を輝かせながら生きていくに越したことはないのです。

問題は、私たちがつい、それに「固執《こしつ》」してしまうことです。

というのも、幸福も自己実現も、あくまで、私たちがある状態にある時、その「結果」として、おのずと、やってくるものだからです。

にもかかわらず、私たちがこのことを忘れ、幸福や自己実現に固執し、（本来結果であるそれを）「目的」として追い求めはじめた時、私たちは、「永遠の欲求不満」にとらわれざるをえなくなってしまうのです。

結果を追い求める前に

では、幸福や自己実現は、どんな時に私たちのもとにやってくるのでしょう。

幸福や自己実現への固執をやめた時です。

まさに逆説的ですが、幸福や自己実現を追い求めるのをやめること。それが、私たちが真の幸福を手に入れ、自己を実現していくための第一歩なのです。

そして次に（くわしくは次章から述べていきますが）「基本的な人生哲学」を修正して、「人間本来のあり方・生き方」を体得すること。そのうえで、「自分のいのちに与えられた意味と使命」を見出し、それに取り組んでいくこと。
その結果、真の幸福や自己実現は、おのずと私たちのもとにやってくるのです。
フランクルはこのあたりのことを、次のように言っています。

「もし幸福になる理由が存在するならば、その時おのずと、つまり自然発生的かつ自動的に幸福は結果として生まれてくる。このことが、人間が幸福を追求する必要のないことの理由である」

「幸福を意識することによって、人は幸福になる理由を見失い、幸福それ自体が消えていかなくてはならなくなる」

「私たちは幸福を獲得しようとすればするほど、それを獲得できなくなる」

では、なぜ私たちは、それでも幸福や自己実現を欲してしまうのでしょうか。
それをフランクルは、「私たちが人間としての本来のあり方・生き方を見失ってしまっているからだ」と言います。私たちが幸福や自己実現を求めてしまうのは、人間本来のあり方を見失ってしまっているからで、もしその本来のあり方へと自分自身を整えることができるならば、幸福や自己実現を求めたり、固執したりせずにすむ、とフランクルは言うのです。

では、その私たちが体得すべき、人間としての本来のあり方とは、いかなるものでしょうか。私たちは、自分の人生哲学を、どのように修正すべきなのでしょうか。次章で述べます。

第3章

「生きている実感」を取り戻したい

私たちを幸せにする「人生哲学」

「基本的な人生哲学」を修正する

「幸福のパラドックス」から抜け出すために

これまで、なぜ現代人の心は、ばくぜんとした空虚感にとらわれてしまうのか、みなそれぞれ一生懸命に頑張っているのに、むなしさを抱えてしまうのはなぜなのか、その心のカラクリについて説明してきました。

それは、現代人の大半が「幸福のパラドックス」の罠にはまってしまっているからでした。

人間は、自分の幸福を直接に追い求めていると、いつの間にか、心がむなしくなってしまいます。人間の欲望には際限がないので、「もっともっと」と際限なく幸福を追い求め続けてしまう。すると、いつしか「慢性の欲求不満状態」に陥らざるをえなくなってしまうのです。

つまり幸福には、それをあまり強く求めてしまうと、いつの間にか、スルリとどこかに逃げていってしまうところがある。幸福になりたいなんてことは忘れて、何かに一生懸命に取り組んでいると、「あぁ、私は、何て幸せなんだろう」としみじみ思うことがあるのに、逆に、つい調子にのって、「あんな人と結婚したい」「やっぱり、子どもは幼稚園の時から、一流の私学に入れないと」といった調子で、「もっともっと」と幸福の条件をそろえようとすると、いつの間にか「最近の私って、何だか幸せではない」と思えてきてしまう。

幸福には、そんなふうに、それを手に入れようと必死になればなるほど、かえって逃げていってしまうという、あまのじゃくなところがあるのです。

ではなぜ、現代人の多くがこの「幸福のパラドックス」の罠にはまってしまうのか。それは、私たちの多くが無意識のうちに抱えている「基本的な人生哲学」が誤っているからです。

私たちは、無意識のうちに「人生とは、こういうものだ」という「哲学」を持ち、それに従って生きています。

こんなふうに言うと、「いや私は、哲学なんてそんな大それたものは持っていません。人間、死ねば灰になってそれで終わりなんだから、生きているあいだは、せいぜいラクして楽しむのが一番。そんなふうに思ってるだけだよ」と言う方がいらっしゃるかもしれません。

でも、この考えはこの考えで、一つの「哲学」です。

「人生とは、こんなものだ」という、この人の考えをよく表しています。

こんなふうに、私たちは、誰もが知らず知らずのうちに「人生って、こんなものだ」という哲学を持って生きています。「哲学」という言葉が何だか硬くていやだったら、「信念」とか「思いこみ」「考え方の癖《くせ》」と言い換えてもかまいません。自分なりの「人生の物語」を持っている、と言うこともできます。

いや、まだしっくりこない、私は別に哲学も信念も持ち合わせていない、と思われる方は、とりあえず先まで読んでみてください。

すると、私がここで哲学という言葉で呼んでいるものが何も特別なものではないことがわかってもらえると思います。

そして、この考えを踏まえていえば、私たちが「幸福のパラドックス」の罠にはまらずに、もっとたしかな幸せを手に入れるためには、「基本的な人生哲学」を修正することが必要だということになります。

ほんとうの幸せを手にできるかどうかは、実は、この基本的な人生哲学にかかっているところが大きいのです。

外から見れば、「なんであの人ばかり」とうらやましくなるくらいの好条件がそろっているのに、本人は、ちっとも浮かない顔をしていることもあります。

逆に、たいしたものは何も手に入れていないのに、ちょっとした幸運を大事に大事に育てることができて、いつも表情が輝いている人もいます。

これはひとえに、人生で起こるいろいろなことを、その人が「どう受け止めるか」にかかっている、と私は思います。つまり、私たちがほんとうの幸せを手に入れるためにもっとも大事なことは、「私たちを幸せにしてくれる人生哲学」を手に入れることなのです。

逆に、この「最初のボタン」をかけ間違えたままでいると、私たちは、いつまでたっても、またどんなに努力しても、ちっともほんとうの幸せを手に入れることはできないのです。

次に、この話をしましょう。

「自己否定」から「自己肯定」の人生哲学へ

自分を縛る思いこみ

さきに、ほんとうの幸せを手に入れるうえでもっとも大切なのは「私たちを幸せにしてくれる人生哲学」を手に入れることだと言いました。

私の職業はカウンセラー（兼、大学の教授）ですが、考えてみれば、カウンセリングという仕事も、相談に来る方の「基本的な人生哲学」の修正をお手伝いしているのです。

誤解を招かないように、念のために言っておくと、私はカウンセリングの中で、別段、哲学談義をするわけではありません。

私のカウンセリングは、基本的にロジャーズという人が開発した方法をベースにしていて、相手の心のひだに徹底的に耳を傾けていくものです。

クライエント（相談に来られる方）の多くは、「自分を不幸にしてしまう人生哲学」を身につけていて――というか、自分で身につけているつもりはなくても、無自覚のうちにそれにとらわれ、がんじがらめになってしまっていて――今の自分から抜け出せなくなってしまっているのです。

例をあげましょう。

自殺未遂《みすい》をくり返す若者の中には、中学生の頃に、ひどいイジメをくり返し受けていた人が少なくありません。

モノを隠されたり、クラスの全員からいっせいにシカト（無視）されたり、といったことを何年ものあいだ、毎日、くり返しされ続けます。デブ、チビ、といった身体的欠陥をあげつらわれたり、「なんでお前みたいなのが、まだ生きてるんだよ」「早くあの世にいっちまいな」と自分の存在を否定されるような罵声《ばせい》をあびせ続けられたりします。蹴る、殴るなどの身体的暴力が加えられることもありますし、お弁当の中にゴキブリを入れられたり、トイレに入っている時に上から牛乳をかけられたり、といったことをやられる場合もあります。

いじめられっ子も、最初はもちろん、自分が悪いなどとは思っていません。「あのいじめっ子が悪い」「殺してやりたい」と相手を憎んでいます。

けれど、長いあいだいじめられ続けていると、そのあいだずっと、マインド・コントロールでもされているかのように「お前は生きている価値がない」というメッセージを送り続けられるわけですから、闘う気力が失せてくるとともに、自分でも「やっぱり私は生きている値打ちがないんじゃないか」と思いこんでしまうのです。

そうやって、「自分は生きる値打ちがない」という「思いこみ」を強く抱く。そして毎日、いろいろな人から拒否される体験を重ねながら、その「思いこみ」を強化していく。

そんな体験があるものですから、中学校を卒業し、実際にはもういじめられなくなっても、その否定的な自己イメージ、自分には生きる値打ちはないんだという否定的な人生哲学だけは、その人の心のうちに刻みこまれたままになるのです。

そして、高校生になり大学生になっても、その思いは消えていくどころか、ますます強くなる一方で、その結果、自殺未遂をくり返す、といったことになってしまうのです。

この若者は、今はもう、いじめっ子に苦しめられているわけではありません。けれど、過去にいじめっ子に植えつけられた「否定的な人生哲学」にとらわれて、それによって自分で自分を苦しめているのです。

もう一つ、今度は大人の女性の例をあげましょう。

ある女性が、ある妻子持ちの男性に恋をしてしまいました。

男性のほうは離婚する気はまったくなく、しかし、その女性とも別れる気もない。つまり、奥さんも愛人もキープしておきたいわけです。

そのうえ、その男性は、奥さんにも愛人にも暴力をふるい続ける。そうすることで、それでも自分から離れることができないでいる二人の女性に対する優越感を強め、支配欲をますます満たしている。そんな印象を私は受けました。

こんなひどい男と、なぜ別れることができないのでしょうか。

奥さんのほうは、離婚するのは大変ですし、子どももいるから、なかなか決心がつかないのは、まだわかります。

しかし、もう一方の女性は愛人で、結婚もしていなければ、子どもがいるわけでもありません。なのになぜ、暴力をふるうこの男性と別れることができないのでしょうか。

「アダルト・チルドレン」と呼ばれるタイプの人に多いのですが、このタイプの女性は、この男性の支配性や暴力性に苦しみながらも、どこか、そうやって束縛《そくばく》されていることに満足を感じているところがあります。自分では「このまま、この男を愛していても、絶対に幸せになんてなれるわけがない」とわかっているのに離れられないのは、そんな満足を心のどこかで感じているからなのです。

そして、それを支えているのは「私は幸せになれない女」という人生哲学です。

私も、自称、恋愛至上主義者ですから、愛する人のために「いわゆる幸せ」を投げ捨ててしまう生き方には、むしろ共感を覚えます。決して「バカな女だ」などとは思いません。

けれど、「この男を好きでいる限り、私は決して幸せにはなれない」ということがわかっているのに、その相手から離れられないというのは、やはり歪《ゆが》んでいると言わざるをえません。

「私のような女は幸せにはなれない」という人生哲学に安住するのは、ある意味ではラクなことです。自分を変えなくてすみますから。

しかし、その人生哲学のために、彼女がいつも、うつうつとした人生を送らざるをえなくなっている、ということもまた、事実なのです。

そして、そのような女性の子ども時代の話を聴いていると、お母さんが病弱であったり、両親の夫婦仲が悪くて、いつも落ちこんでいたというケースが多い。つまり、その女性は、やはり「幸せになれない女」であった自分の母親の心の安定を支えるような役割を、子どもの時から無意識のうちに演じ続けていた場合が多いのです。そして大人になってからは、やはり自分の母親と同じように、情緒的に不安定で、自分を支えてくれることを必要としている男性と、なぜか離れられなくなってしまう。そんなケースが多いのです。

「アイ・アム・ノット・オーケー」からの解放

今、二つの事例をとおしてみたように、「変わらなくては、と思いながらも、変われない」苦しみに悩んでいる人は、自分を否定するような人生哲学を持っていることが多いのです。そして、それにとらわれて、がんじがらめになってしまっているのです。

けれど、カウンセリングを受けて、自分の苦しみを聴いてもらっていると、たいていの人は、少し心が軽くなってきます。「私は変われない」という強い思いこみから離れて、自分を客観的に見ることができるようになっていきます。

さきの、いじめの後遺症から自殺未遂をくり返している若者であれば、「自分はたしかにいじめられたし、あれはほんとうに悲惨な出来事だった。あの時の心の傷で今なお苦しんでいるのも、当然といえば当然だ。けれど、かといって、いつまでも自分が幸せになれないかといえば、そうではないはずだ。

今はもう、いじめっ子に毎日罵声をあびせ続けられているわけではない。自分はもう、子どもではなくて大人だし、周囲にも、自分をいじめている人は、誰もいない。自分は、必ずしも、いじめの犠牲者として、一生苦しまなければならないはずはない。僕だって、もう少し、幸せになっていいはずだ」

そんな思いが生まれてきます。

暴力をふるう愛人から離れられない女性であれば、

「私はたしかに、あの人のことを愛している。今でも。でも、あの人を愛し続ければ、私が決して幸せになれないことはわかっている。それに、あの人だって、私が側《そば》にいれば、私に甘えて、自分を変えることができないはず。あの人を忘れることは、ひどくつらいことだけれど、どうやらそうしなければ、二人とも幸せにはなれないようだ。だから、とにかく今は、あの人から離れて、一人になってみよう」

そんな気持ちになってくることがあります。

ここで、彼ら彼女らは、「私は幸せにはなれない人間。幸せになるに値しない人間だ」という思いこみ（人生哲学）から解放されて、「私は、もっと幸せになっていい」という人生哲学、「私は幸せになるに値する人間だ」という人生哲学を持つようになってきているわけです。

つまり自己否定的な人生哲学から、自己肯定的な人生哲学へ。

「アイ・アム・ノット・オーケー（私は幸せになる資格がない、だめ人間）」という人生哲学から、「アイ・アム・オーケー（私は幸せになっていい人間）」という人生哲学へ。

カウンセリングにおいて、クライエントの方は、しばしば自分の人生哲学をこのように修正していくのです。

当たり前になっている人生哲学を疑う

同時代の人々が共有する哲学

カウンセリングの中で修正されていくのは、個人の人生哲学です。「私」や「自分」にかかわる哲学と言ってもいいと思います。さきにも言いましたが、「私は幸せになるに値しない」という人生哲学が、「私は幸せになっていい」という人生哲学へと修正されていくのです。

人生哲学は、どんな時代、どんな文化の中に生きているかに大きく影響を受けます。今、この時代に生きている日本人が、知らず知らずのうちに「そう考えるのが当たり前」と感じて、自然と身につける考え方というものがあります。だからこそ、同じ時代、同じ文化に生きる人は、みな似たような悩みや苦しみを抱えるようになっていくのです。

では、今この時代、私たち日本人が共有している人生哲学には、どのようなものがあるでしょうか。

思いつくままに、あげてみましょう。

・私の人生は、私のものである。
・したがって、私がどう生きるかは、私の自由である。
・だから、人の迷惑にならない限り、好きなことをしていい。
・好きなことをして生きていっていい、というだけではない。好きなことをして生きていったほうがいい。まわりの目や世間体《せけんてい》を気にして、自分の好きなことをせずに生きていくと、死ぬ時、後悔するに決まっている。

・私のからだは、私のものである。
・だから、私が摂生《せっせい》して長生きしようが、不摂生して早死にしようが、それは私の自由である。ただし、家族への迷惑は考えなくてはならないが。

・同じ論理で、「私のからだは私のものなのだから、何をしようが私の自由」である。誰にも迷惑をかけなければいい。

・私のいのちは、私のものである。
・だから、自分の生き死にを決める権利も基本的には私は持っている。ただし、その後に家族が受ける心理的・社会的ダメージや、経済的なダメージは考慮すべきだが。

三つの考えを見ていただくとわかるように、これらの考えはいずれも、「人生」や「からだ」や「いのち」を「私のもの」、つまり「私の所有物」とみなす考えです。これらを「授《さず》かりもの」としてでなく、「自分のもの」とみなすところに、現代人の考え方の特徴があります。

これに正面から反対する人は、どれくらいいらっしゃるでしょうか。からだやいのちに関しては異論のある人がいらっしゃるかもしれません。

しかし、とくに「私の人生は、私のものである」という考えに反対する人は、まずいないのではないでしょうか。

私の考えでは、「私の人生は、私のものである。私がどう生きるかは、私の自由である」という考えが諸悪の源《みなもと》です。

現代人を「幸福のパラドックス」の罠にはめ、絶えずむなしさを感じさせる正体は、この考え方なのです。

「私の人生は、私のもの」が私たちを苦しめる

ではなぜ、この一見、当たり前のように思われる「私の人生は、私のものである。私がどう生きるかは、私の自由である」という考えが、現代人の苦しみの源となるのでしょうか。

このことについて考えてみましょう。

まず、「私の人生は、私のもの」であるとすると、「私の人生」は私の所有物ということになってしまいます。

すると、どう生きるかは私の勝手。「私の人生」は、「私のしたいことをしていく場」ということになってしまいます。

また当然、私の人生なのだから、ほかの人に迷惑をかけない限り、私のしたいことをしていい。私の人生は、私の夢や希望や願望を実現する舞台のようなもの、ということになります。

この考えには、もちろん、いい面もたくさんあります。その最たるものは、個人の自由が保障される、ということです。

日本では一九八〇年代あたりから、「国のため」「会社のため」に頑張るよりも「自分のため」に生きることが、むしろ当然の権利とみなされるようになっていきました。いわゆる「自己実現の時代」の到来です。

それまで組織に縛られていた人々が、より自由になり、自分を表現しはじめるにあたって「私の人生は、私のものである。私がどう生きるかは、私の自由である」という考えは、まさにその支えとなっていたのです。

しかし、今、それから四十年以上が経過し、事情は変わってきました。

現代人はもう「自分のしたいこと」はたいていやり尽くしてきました。もうやりたいことはだいたいやった。これ以上、とくにやりたいことはない、というところまで、個人は自由になり、その欲望を実現してきました。

そして、その結果、前方を見渡してみると、後はもう、とくにやりたいこともなく、同じような毎日が続くだけの未来が、どこまでも果てしなく続くばかり。そんな中で、「あなたの人生は、あなたのもの。だから、あなたがどう生きるかは、あなたの自由。あなたのしたいことをしていいんだよ」と言われても、「えーっ、別に、とくにしたいことなんてない」というわけで、困ってしまう。

同じような毎日が、ただひたすらどこまでも続いて、その中に閉じこめられているという閉塞感ばかりが募《つの》る。それが私たちを疲れさせ、エネルギーを奪い、イライラを蓄積させているのです。

この閉塞感に「私の人生は、私のもの。だから、どう生きるかは、私の自由」という考えの限界が示されています。

「自分のしたいことをしよう」というメッセージは、組織に縛られていた個人がそこから解放されて、自分を実現していくプロセスの中では大きな意味を持っていました。

しかし、すでに欲望がひととおり実現されてしまったこの成熟社会では、「人生は、自分のもの。だから、したいことをしていい」というメッセージは、逆に「したいことなんて、別にないのに」という閉塞感ばかりを強めていきます。

考えてみれば、私の人生というのは、そもそも、ほんとうに「私のもの」なのでしょうか。

モノを所有するのと同じように、自分の人生までも自分の所有物であるかのようにみなすのは、やはりどこか、非常に偏《かたよ》った考えではないでしょうか。「私の人生は、私のもの。だから、どう生きようと、私の自由である」こう心の中でつぶやいた時、たとえ頭では納得しても、自分のからだの内側のどこかに、何か、違和感のようなものがないでしょうか。

この考えを、ごく当たり前の考えとして身につけてしまったために、私たち現代人は、必然的に、むなしさに苦しめられるようになったと思うのです。

次の章では、現代人がよりよく生きるために必要な人生哲学とは、どんな人生哲学か、それを考えていきたいと思います。

第4章

「生きる意味」は、すでに与えられている

フランクルが説く「人生からの問い」

いのちは「私の所有物」ではない

「したいことの寄せ集め」でしかない人生

前章で、こう言いました。

現代人の多くは、幸福のパラドックスの罠にはまってしまっている。誰もが自分の幸福を追求し、そのあげく、幸福追求の虜となってしまい、かえって幸福が去ってしまう、という悲劇的な事態に陥ってしまっている。そして、その根底には、「私の人生は、私のもの」とみなす歪んだ人生哲学が控えているのだと。

「私の人生は、私のもの」とみなした瞬間、人生は、自分の欲望を実現していく舞台となってしまいます。「自分のしたいことをするために、私の人生はあるんだ。私の人生なんだから、どんな生き方をしようと、私の自由だ」ということになってしまいます。この生き方は、「したいこと」がいくらでもある時代には、けっこうよい生き方だったのです。

けれど、私たちの「したいこと」は、たいてい実現されてしまいました。もちろん、これからもいろいろと刺激的な商品は新たに開発されていくでしょう。それなりに「したいこと」も生み出されていくでしょう。

しかし、それは、たいしたことではありません。「どうしても、これをやりとげたい」というギラギラした欲望があるわけではないのです。やってもやらなくてもかまわないけれど、どちらかといえば、やったほうがよい、といった程度。その程度のことが、これからいくつも出てくるだろうけれど、それ止まり。

つまり、どちらかといえば軽い、相対的な欲望しか存在していない、そんな世の中になってしまっています。

こうして現代人にとっては、人生そのものが、相対的な「したいことの寄せ集め」でしかなくなってしまっています。

生きても生きなくてもかまわないけれど、どちらでもかまわないなら、生きていてもいい。こんなはかなさをどこかで感じながら生きている人は多いのではないでしょうか。だから「生きている実感がない」「生きている手応《てごた》えを感じられない」「自分は何のために生まれてきたんだろうと思ってしまう」といった嘆きや訴えが、多くの人から発せられるのです。

そして、その背景には、さきに述べたように、「私の人生は、私のもの。だから、私がどう生きようと、私の自由」という人生哲学が控えています。この哲学を選び続ける限り、人生の全体がせいぜい「自分のしたいことの寄せ集め」となってしまいます。そして、「したいこと」がほぼ実現され尽くしてしまった現代社会では、人生そのものが軽い、相対的なものにすぎなくなってしまうのです。

私たちはまず、現代人の大半が当たり前のように抱いている、こうした人生哲学を疑うことからはじめなくてはなりません。

私のいのちは、誰のもの?

「私の人生は、私のものである」という考えは、「私のからだは、私のものである」とか、「私のいのちは、私のものである」といった考えと連なっています。そして、その中でも「私のいのちは、私のものである」という考えが、もっとも基底のレヴェルにあります。

したがって、まず「私のいのちは、私のものである」という考えから疑っていくことにしましょう。

「私のいのちは、私のものである」

この考えは、一見、疑いようのない正当性を持っているようにみえます。そもそも「私の」いのち、と所有格が使われているのだから、私のいのちは当然、私のものである、と屁理屈《へりくつ》をこねることもできます。

しかし、ここでよく考えてほしいのです。

もし、「私のいのちが私の所有物であり、私の好きにしてよいものである」となると、文字どおり、生き死には、私の自由。「私には、生きる権利があるのと同様に、死ぬ権利（自殺する権利）もある」ということになってしまいます。

これは、ほんとうにそうでしょうか。どこか、違和感を覚えませんか。

正直に言うと、私も以前は「私のいのちが私のものなのは当たり前だし、生きる権利があるならば、当然、死ぬ権利もある」などと考えていた時がありました。

けれど、ある時から、どうもそれは違うということがわかってきた、いや、確信してきたのです。

もし私がそれを自分の意思で手に入れたのなら、私はそれを自分の意思で手放すこともできるでしょう。たとえば、私が自分の意思で買った高級ボールペンを、誰かにあげたとしても、そこには、何の問題もありません。

しかし、いのちについては事情が違います。いのちは、私がそれを手に入れようと思って手に入れたものではありません。

私たちは、「気がついたら、すでに生きていた」のです。

当たり前のことですが、ここが重要なポイントです。

私たちは、自分が生きようと決めて生きはじめたのでもなければ、いのちが欲しいと思ってそれを手に入れたのでもありません。

むしろ、「気がついた時には、すでに生きていた」。

時間軸に沿っていえば、「気がついた」のと「生きていた」のとでは、「生きていた」ことのほうが先で、それに「気がついた」のは、決定的に後なのです。

「気がつく」という「自己意識」が「私」なのだとすれば——言い換えると「私」は「これが私だ」という自己意識の発生とともに存在しはじめたのだとすれば——「私」の発生は、「生きている」という事実の後に生じた出来事なのです。

これは、論理的に考えて、どうしてもそうなるでしょう。私たちは、最初に「生きていた」、つまりいのちが与えられていたのであって、後になってやっと「私が生きている」という自己意識を持つようになったのです。そう考えると、「私」と「いのち」の関係についても、とらえ直す必要が生じてきます。

私たちは、ふつう、「私」という確固たる存在があって、その「私」という存在が「いのち」を持っている、生命を所有しているのだとイメージしています。そして、死とは「私という存在」が自分の所有していた「いのち」を失う出来事だとイメージしています。

しかし、これは、どう考えても歪んだとらえ方です。

むしろ、こう考えるべきではないでしょうか。

「私」の前に、まず「いのち」が先にあった。それを後から「これは、私のいのちだ」と意識することで「私」（自己意識）が生まれた。そう考えるほうが、ずっと事実に即しているように思えます。

死についても同様で、そこでなくなるのは「私」、つまり自己意識であって、「いのち」がなくなったかどうかは、私たち人間には（意識が消失した後なので当然ですが）、たしかめることはできない。

そう考えるのが筋が通っているのではないでしょうか。

「私」を超える「大いなるいのち」

いのちが、私している

そもそも、いのちとは、何でしょうか。

それが、単なるモノ、物体でないことはたしかでしょう。

それは、「気」でしょうか。生命エネルギーなどと言われるように、いのちとは、エネルギーのことなのでしょうか。

また、私のいのちとほかのいのち、人間のいのちとほかのいのちとは、もともと、別々のものなのでしょうか。

最初に、「いのちそのもの」「大いなるいのち」とでも呼べるような、「エネルギーの渦か何か」「得体《えたい》の知れない何ものか」がまずあって、それがあちらでは「花というかたち」、こちらでは「コオロギというかたち」をとっている。偶然か必然かはわからないが、とにかくそうなっている。そして、その同じ「いのち」が、今、ここでは「私というかたち」をとっている。そう考えるほうが、ずっと納得がいくのではないか。

そんなふうに、私は考えるようになっています。

つまり、「私がいのちを持っている」のではない。

私（自己意識）が、生命というエネルギーを所有しているのではない。むしろ逆に、「いのちが、私《わたし》している」「大いなるいのちの一部が、『今・ここ』では、私というかたちをとっている」。そう考えるようになったのです。

この考えは、『般若心経《はんにゃしんぎょう》』で言う「不生不滅《ふしょうふめつ》」＝「生まれず滅びず」という考えに通じるものがあります。

もし、「私が生きている」＝「私がいのちを持っている」のだと考えるならば、私はいつか死んで消えてしまうわけで、だとすれば、この私の存在には意味はない、私の人生にも意味はない、だって結局、死んでいなくなってしまうのだから、ということになってしまいます。

しかし、今述べたように、「大いなるいのち」がまずあって、その「大いなるいのちの一部が、『今・ここ』では、私というかたちをとっている」とか、「いのちが、私している」といったふうに考えると、そうではありません。

この「私というかたち」は死によって消えてしまいますが、この私を私たらしめている「いのち」は、もともとあり、今この瞬間にもあり、また、いつまでもある。それはまさに「不生不滅」で、生まれたり、滅んだり、といったことはない。

「大いなるいのち」そのものは永遠であって、それがある時は「私というかたち」をとり、またある時は「花というかたち」をとる。「永遠のいのち」が、ある時は「私する」し、ある時は「花する」。またある時は「火する」。こんなふうにして、次々と千変万化《せんぺんばんか》、異なるかたちをとっていく。

だとすれば、たとえ私が死に消えていくとしても、私の存在に意味がないとか、私の人生に意味がない、などということにはならないわけです。

私が救われた瞬間

「私がいのちを持っている」のではない、「いのちが、私している」のだ、と私は言いました。

では、私はなぜ、いかにして、そんなふうに考えるようになったのでしょうか。

私にとって決定的な「いのち観」の変容は、私自身の被救済体験において、もたらされました。

第一章で述べたように、私は、中学から大学にかけて、自分の内面のエゴイズムの問題に苦悩し、何のために生まれてきたのか、どう生きていけばよいかわからず、地獄の苦しみを味わいました。「ほんとうの生き方」をのたうち回りながら求め続けましたが、いくら求めても、得られませんでした。この苦しみは、実に七年ものあいだ続いたのです。

この苦しみから救われるのと同時に、私の「いのち観」は変容したのです。

この「私が救われた瞬間」の体験については、すでに拙著『人生に意味はあるか』『〈むなしさ〉の心理学』（ともに講談社現代新書）などでも書きましたが、ここでもう一度くり返させてもらいます。

それは、大学三年のある秋の日の午後のことでした。

前の日の晩、いつものように「私は何のために生まれてきたのか」「どう生きていけばよいのか」という問いに取りつかれて一睡《いっすい》もできず、疲れ果ててしまっていた私は、とうとう観念して、その問いを放り出してしまったのです。「もう、どうにでもなれ」と。

すると、どうでしょう。ついに朽《く》ち果《は》て倒れたはずの私がそこに見たのは、なぜか倒れることも、崩れ落ちることもなく、立つことができていた自分の姿だったのです。

私は、それまで、自分がどう生きればいいのか、その答えがわからなければ、生きていくことはできないと思っていました。だからこそ私は、どれほど追いつめられても、その問いを問い続けてきたのです。

しかし、今こうして、ついに力尽き、問いを放り出した後でも、何ら倒れることなく、私は立つことができている。しかも驚くべきことに、その立ち方というのが、通常「自分が立つ」という仕方での立ち方ではない。「私が立つ」という立ち方ではない。すべてを投げ出した私の全身からは、すでに一切の力が抜け落ちている。

にもかかわらず、こうして私が立っていられるのは、決して私ではない「何かほかの力」「何かほかの働き」によって私は立っていられるということだ。

この驚くべき真実に、私はこの時、目覚めたのです。

そう思って、改めてみずからに注意をふり向けると、実際、私の底には、何か大きな力が働いているようだ。一般に「私」と呼ばれている私を突き抜けた、私の底の底。私自身をその底へとどこまでも突き抜けていった「私の底」に、私自身よりも大きな何かの働きが与えられている。

その働きは、あえて名前をつければ「いのちの働き」とでも呼ぶよりほかないような何か。つまり一言でいえば「私の底のいのちの働き」。

この「いのちの働き」「生命エネルギーの渦」が先にあって、それが、私という存在の「本体」だったのだ。私が私だと思っていた私は、その本体がとっている仮の姿にすぎなかったのだ。そのことに私は目覚めたのです。

私はそれまで、自分がどう生きるべきかと悩むのに忙しくて、それに気づかずにきたけれど、このいのちの働きは、実はずっと前からすでに与えられており、常に私を生かし、私を私あらしめ、私を成り立たしめてきた。この何かは、それ自体で働いていて、その結果、その働きによって、私も立っていられるのだということ。つまり、このいのちの働きこそ、私の本体であり、むしろ「私」は、このいのちの働きの一つのかたちにすぎない、ということ。

みずからの存在の根底において、常にすでに成り立っているこの真実に、私はこの時、目覚めたのです。と同時に即座に、私の思い悩みは消え去っていきました。答えが与えられて、悩みが解決したのではありません。思い悩む必要がなくなって、悩みそれ自体が消え去っていったのです。

ほんとうの生き方

私がいのちを持っているのではない。「いのち」が私している。「いのち」がまずあって、それが今、ここでは、私という自己意識のかたちをとっている。そう私は言いました。

私自身が救われた体験をとおして、人間存在のこの真実に、私は目覚めたのです。

すると、私たち人間のほんとうの生き方とは、どのようなものでしょうか。

いのちが私している、私という存在が「大いなるいのちの働き」の一つのかたちとして存在しているのであれば、私たち人間のほんとうの生き方は、この「いのちの働き」を生きることにあるのだと思います。

この世界、この宇宙には、「いのち」が満ち満ちています。この世界のすべての存在者、すべての出来事は、「いのちの働き」の顕現《けんげん》であり、それがとった、さまざまな「かたち」なのです。

この空も、あの海も、今、私の眼前にあるあの山も。向こうから聞こえてくる鳥の鳴き声も、野原でひっそりと咲いている花も。そして、もちろん今ここでたたずんでいる私という存在も。すべては、もともとは一つである「いのちの働き」がとった、異なるかたちなのです。

あの花が今こうしてここで咲いていること。私という人間が今この時代にこの場所で生きているということ。そして、愛するあの人と私とが出会い、共に生きているということ……こうした出来事のすべては、「いのちの働き」が、その絶えざるプロセスの中でとる、さまざまなかたち、「いのち」の自己展開なのです。

したがって、「いのち」の一つのかたちである私が、本来そうあるよう定められている本来のあり方、本来そう生きるよう定められている本来の生き方は、自分のからだを、自分の心を、そして自分の魂をも、その一部として含むこの「いのちの働き」そのものを自覚的に生きていくことにほかなりません。

ある時は、その働きに身を委《ゆだ》ね、ある時は、その呼び声に耳を傾け、またある時は、その囁《ささや》きとともに歌い、ある時は、そのリズムといっしょに踊る……そんな中で、人間というものが本来そこへと定められたほんとうのあり方、ほんとうの生き方が実現されていくと、私は思うのです。

人間は「宇宙」の重要な一部

いや、そんなことはない。この世界は、単なる物質の集まりでしかない。この世界のどこに、そんな「いのち」の働きなどあるというのだ。そう思われる方もいるかもしれません。

しかし私には、この世界が、単なる物質の偶然の寄せ集めにすぎないなどとは、とても思うことができません。

この世界は、単に偶然にすぎないと考えるには、あまりに完璧《かんぺき》にできています。たとえば、私たちの住む地球は、完全なバランスを維持しながら太陽のまわりを回っています。もし地軸が一度でもずれて、それが一年でも続くならば、私たちは黒こげになってしまうか、凍《こご》え死《し》んでしまう。これは、偶然の産物でしょうか。あるいは、私たちのからだは、神秘とか驚異といった言葉でしか表現しようのないほどに、調和のとれた組織をなしています。これも、偶然の産物でしょうか。

そもそも、この宇宙そのものは、偶然の産物なのでしょうか。

ケン・ウィルバーは、決してそんなことはありえない、と言います。

ふつう、宇宙は何もないところにビッグバンが起こって偶然にはじまった、と考えられています。しかし、この考えには、かなり無理があるとウィルバーは言うのです。

たとえば、今、猿が手当たり次第にタイプライターを打っているとします。その結果、偶然、シェイクスピアの作品がつくられる、などということが、常識で考えられるでしょうか。確率論を用いて単純計算すると、それが起こるには十億の二乗年、という気の遠くなるような膨大な時間がかかることになるとウィルバーは言います。

しかし現実には、この宇宙には、たった百三十八億年の時間しか与えられていません。さきの猿のタイプライターと同じように単純計算するならば、この時間は、たった一個の酸素を偶然に生み出すのにも不十分な時間でしかないことがわかる、と言います。

どうでしょう。確率論でいえば、この宇宙には、どうやら偶然以外の何かの力が働いている、と考えたほうが自然ではないでしょうか。ウィルバーも、そう考えます（ケン・ウィルバー著、大野純一訳『万物の歴史』春秋社）。

この宇宙は、それ自体の意思と力とを持っている。ある一定の方向に向かって絶えず進化を続けている。人間のからだも、心も、そして魂も、この全宇宙の壮大な進化のプロセスの中で、その重要な一部として生み出されたものである。

だとすれば、人間は、全宇宙の進化のプロセスにおける自分の存在の意味と使命とを自覚して、みずから積極的にこの進化のプロセスに向かって関与しながら生きていくべきではないでしょうか。

大切なのは、ここでいう「宇宙」とは、私たちとは別の「むこう側の、あの宇宙」ではない、ということです。ここでいう宇宙は、この私も、あなたも、すべてをその一部として含む宇宙のことです。

一切をその一部として含み、それ自体の意思と力とを持つ宇宙。それは、さきに私が言った「大いなるいのちの働き」そのもののことで、それがある時あるところでは花というかたち、ある時あるところでは火というかたち、ある時あるところでは人間というかたちをとっているのです。

私たちの人生は、何のためにあるのか

「試練」としての人生

「大いなるいのち」が私というかたちをとっている。だから私たち人間の本来の生き方は、自分のからだを、自分の心を、そして自分の魂をも、その一部として含むこの「いのちの働き」そのものを自覚的に生きることにある。

先にそう言いました。

それでは、私の人生は、何のためにあるのでしょうか。

そうです。それは、「いのちの働き」を自覚的に生きるため、「いのち」の呼び声に応えていくためにあるのです。

私たちの人生は、「私たち自身のもの＝所有物」ではありません。

したがって、「どう生きるかは、自分の自由」ではありませんし、「人の迷惑にならない限り、好きなことをしていい」というわけでもありません。

私たちの人生は、自分がこの世に生まれてきたことの意味と使命とを実現していくための機会として与えられたもの。そのために「授かったもの」なのです。

その意味で、私たちの人生は、それ自体、私たちにとって「試練」を意味します。私たちが自分のなすべきことを、その意味と使命とを実現していくことができるかどうか、私たちは絶えずそれを、この人生で試されているのです。

そして、自分に与えられた意味と使命とを実現できた程度にだけ、魂は成長していく。そんなふうに私たちの存在はできています。

人間は、人生から問われている

言葉を換えると、私たちの「生きる意味」は、常にすでに与えられています。私たちが「この人生で何をなすべきか」ということの答えも、もう与えられてしまっています。これらの問いの答えは、私たちが思い悩むのに先立って、「私を超えた向こう」から、時々刻々と送り届けられてきているのです。

「何のために生きるか」「どう生きるべきか」と思い悩み、悩みに悩みぬいた末、どうしようもない行き詰まりにぶつかって、ついに「もう、どうにでもなれ」とその思い悩みを手放した時、私たちは、次のような「人生の真実」に目覚めることになるのだと、フランクルは言います。

その時、生きる意味を求める問いにコペルニクス的転回が生じる。人間が人生の意味は何かと問う前に、人生のほうが人間に問いを発してきている。だから人間は、ほんとうは、生きる意味を問い求める必要なんかないのである。

人間は、人生から問われている存在である。したがって人間は、生きる意味を求めて問いを発するのでなく、人生からの問いに答えなくてはならない。そして、その答えは、人生からの具体的な問いかけに対する具体的な答えでなくてはならない。

（『医師による魂のケア』〔邦訳名『死と愛』『人間とは何か』〕）

少し解説が必要でしょう。

私たちは、「何のために生きているのか」「この人生に意味なんてあるのか」と思い悩むことがあるし、実際、多くの人がこの問題に苦しめられているけれど、ほんとうはそういったことに悩む必要なんてこれっぽっちもないし、実はこれまでもなかったのである。

なぜかというと、「私たちが人生でなすべきこと＝実現すべき意味・使命」は、私たち人間がそんなふうに思い悩むのに先立って、「私を超えた向こう」から、私たちの足下に、常にすでに送り届けられてきているから。「何のために生きているのか」という問いの答えは、私たちが何もしなくても、もう与えられてしまっているのだ。

むしろ、私たちがなすべきこと、おこなうべきことは、私たちの足下に、常にすでに送り届けられてきている「意味と使命」を発見し、実現していくことである。

「自分の人生にはどんな意味が与えられており、どんな使命が課せられているか」

を発見し、実現できるかどうかを、私たちは人生から問われている。人生のほうから求められている。「人間は、人生から問われている存在である」とフランクルは言うのです。

どんな時も、人生には意味がある。

どんな人の、どんな人生にも、なすべきこと、満たすべき意味が与えられている。だから私たちは、自分の生きる意味を求めて、思い悩む必要なんてないのだ。いや、そんなことに時間を費やし、後ろ向きの姿勢で生きていくことは、傲慢《ごうまん》でさえある。

あなたのなすべきこと、満たすべき意味は、今も、また今も、あなたの足下に送り届けられてきているのだから。

だから、後はただ、あなたが、この人生の真実に目を開くだけ。

勇気を持って、こだわりを捨てて、人生のこの素晴らしい真実に目を開くだけ。

私たち人間が「なすべきこと」「満たすべき意味」「この人生でなしとげるべき使命」、これらはすべて、私たちの足下に、常にすでに送り届けられてきている。

人生のこの素晴らしい真実。

後はただ、私たちがこの素晴らしい真実に目を開くだけ。そして自分がこの人生で何を求められているのかを、つまり「自分が満たすべき意味」「自分の果たすべき使命」を具体的に発見し、それを日々の生活の中で実現していくだけ。

私たちのなすべきこと、私たちにできることは、ただそれだけであって、私たちが人生からの問いに答えることができるとすれば、それはただ、このような日々の実践においてでしかありえないのです。

「人間は、生きる意味を求めて問いを発するのでなく、人生からの問いに答えなくてはならない。そして、その答えは、人生からの具体的な問いかけに対する具体的な答えでなくてはならない」と、フランクルは言うのです。

どんな人の、どんな人生にも意味がある

「いのちの働き」こそ私の本体である

どんな人の、どんな人生にも意味がある。この世にいのちある限り、意味のない人生なんて一つもない。

このフランクルの考えは、いわば「絶対肯定の哲学」です。

それは、「私のいのちは、私のもの」「私の人生も、私のもの」「だから他人に迷惑をかけない限り、どう生きようと私の勝手」という、日本人の大半が抱いていると思われる考えとは、逆の考えです。

いのちが私している。いのちの一つのかたちが、私である。だから、私の人生は大いなるいのちからの授かりものである。私は自分の人生で、なすべきこと、満たすべき意味を発見し実現するという試練を課されている。

自分のいのちや人生についての基本的な見方・考え方を、そんなふうに修正すれば、私たちはおのずと、自分を肯定できるようになっていきます。

理詰めで考えすぎて、「どうせ、この人生なんて無意味だ」「だから、どう生きたって無駄だ」と考えはじめると、ほんとうに何をやっても無駄なように思えてきてしまい、気力がなくなり、表情も暗くなってきます。

否定的にものを見る癖を身につけてしまうと、すべてのものごとが、ほんとうに無意味で、この世で起こっていることすべて、人間のしていることすべてが無駄であるような、あまりに愚《おろ》かで、しかも、そこから変わりようがないような、そんなふうに見えてきてしまいます。

かつての私がそうでした。何を見ても、否定的にしか見られない。この世で起こっていることのすべてが無駄としか思えない。そんなふうに思いこんでしまい、自分で自分を追いつめて、自殺寸前のところまでいったのです。

何が私をこんなに追いこんでしまったのかといえば、今から思うと、多くの青年がそうであるように「頭で考えすぎる」ということと「完全主義」ということの二つです。

しかし、頭でっかちの人は、「おまえは頭でっかちだ」と言われても、少しも心に響きません。「完全主義だ」と言われても、「なんで完全主義が悪いんだよ。ほかの人がいいかげんすぎるんだ」と思ってしまいます。実際、以前の私もそう言われたことがありましたが、ぜんぜん心に届きませんでした。

「何のために生まれてきたのか」「どう生きるべきか」——私は、とことん自分の頭で考えなくては気がすみませんでした。実際、ほんとうに、よく気が狂わなかったなと思うくらいに、明けても暮れても、そのことばかり考えていました。

そして、七年ものあいだ、悩みに悩んで悩みぬき、もうこれ以上は悩めないという悩みの極限にまで達し、「もうこれ以上考えても答えが出ないようなら、いさぎよく死のう」と、ついに死を決意するギリギリのところまで行って、ようやくその思い悩みを明け渡すことができ、悪循環から抜け出せたのです。

その時私が気づいたのは、「私が頭で考えている思い悩みとかかわりなく、おのずと生き働いている『いのちの働き』こそ私の本体であって、思い悩んでいる私は

『仮の私』にすぎない」ということでした。

私が何をどう考えようと、それにかかわりなく、眼前にぼんやりと漂い、渦を巻いている生命エネルギー。私のからだでも心でもない、そのもとの「いのちの働き」。それこそが私の本体であって、そちらのほうが、私の頭での思い悩みよりも、より根源的で本来的であることに、私は気づき、目覚めたのでした。

そして、その「いのち」の次元に目を向けると、実はそこに、すべての答えが与えられている。私の生きる意味は何なのか。私のなすべきことは何であるのか。そういったことのすべての答えが、そこにすでに与えられている。

私の「いのち」は、ほかのいのちと別々に存在しているわけではなく、もともと「一つのいのちの働き」であって、その一部が私に与えられている。「いのちの働き」「生命エネルギー」こそ私の本体であって、私という存在は「いのちの働き」の一つのかたちにすぎない。このことをしみじみと実感した時、すべての答えが、そこに与えられていることに気づいたのです。

いのちの一つのかたちが私である。私の人生は授かりものであり、人生でなすべきこと、満たすべき意味はすでに与えられている。だから私たち人間は、そのなすべきこと、満たすべき意味を発見し実現するという試練を課されている。

この人生の真実に目覚め、基本的な人生哲学を修正した時、私の思い悩みは、即座に解消されたのです。

自分の人生を大切に受け取り直してみよう

この哲学は、それをほんとうに納得して自分のものにできるならば、その人が、自分の存在や自分の人生を丸ごと肯定できる力を持っています。

これはたとえれば、悪人でさえ、いや自分の邪悪さを自覚している悪人ほど、救われるに値する、と説いた親鸞《しんらん》の考えに似ています。

どんな時も、人生には意味がある。

どんな人の、どんな人生であれ、なすべきこと、満たすべき意味が与えられている。この世にいのちある限り、意味を与えられていない人生なんて一つもない。

それは、私たちが何を考え、どう思おうと、それにかかわりなく、常にすでに、私たちを超えた向こうから、送り届けられてきているのだというフランクルの考え。ここには、徹底的な救いの論理があります。

そして、そこで私たちを救い取ってくれた、絶えず送り届けられている「意味」は、その後すぐに、私たちに要請《ようせい》を課してきて、次に進むべき道を指し示してくれるのです。すなわち、私たちのなすべきことはただ一つ、自分のなすべきことや満たすべき意味を、そして、自分のいのちに与えられた使命を発見し、それを実現していくことである。このように、私たちがこれからどう生きていけばよいのかを説き明かしてくれるのです。

私たちが、この哲学を、心のうちでくり返し説き続け、自分のものにすることができた時、そしてこの人生が、自分に送り届けられてきている意味や使命を発見し実現していく試練の道であると思えてきた時、私たちは、自分の人生をほんとうに生きるに値するものとして、受け取り直すことができます。

頭でっかちに、人生を暗く思い悩んでいる人は、その思い悩みの悪循環から解き放たれるでしょう。

イライラすることや、不運だとしか思えないことが重なって、自暴自棄に陥り、すべてを投げ出したくなっている人は、もう一度、人生を大切に受け取り直してみようと思うことでしょう。

では、このような哲学を身につけたとして、それをどのように実践していけばいいのでしょうか。

フランクルは、この人生哲学の実践法を「創造価値」「体験価値」「態度価値」の三つに分けて論じています。

次章から、この三つの価値ごとに、私たちの「なすべきこと」「満たすべき意味」「この人生でなしとげるべき使命」を発見するヒントを述べていきましょう。

第5章

自分の人生の「意味と使命」を見出す

フランクルの人生肯定法①——「創造価値」を実現する

「人生が自分に求めていること」を見つける

「意味と使命」発見の手がかり

本書もいよいよ、後半。実践篇に入っていきます。

フランクル心理学の説く三つの価値領域ごとに、今の自分を点検していきましょう。今の自分がほんとうに「なすべきこと」は何か、「満たすべき意味」「この人生で果たすべき使命」は何かを、具体的に発見していくための手がかりを得てほしいのです。

ここで、フランクル心理学の基本的な考えを簡単におさらいしておきます。

フランクル心理学は、「意味による癒《いや》し」の心理学です。また、「この世で果たすべき使命」に目覚めることで、自らの魂を鼓舞《こぶ》し、奮い立たせる心理学です。

ユダヤ人として第二次世界大戦中にナチスの収容所に捕らえられたフランクル

は、何と収容所の中でも、人々を勇気づけるための講演をおこなっていました。

そのタイトルは「自分の人生には、果たすべき使命があるという気づき。このことと以上に、苦しみや痛みを乗り越えていく力を与えてくれるものは何もない」というものでした。

人は、自分の人生の意味を見出すことで、はじめて心が癒されていく。自分の人生で「果たすべき使命」を見つけることで、精神は高みへと上昇し、どんな苦しみをも乗り越えうるエネルギーを獲得する。そのように考える心理学です。

そして、この「なすべきこと」「満たすべき意味」「果たすべき使命」を発見するために、次のように自問自答せよ、とフランクル心理学は説きます。

「意味と使命」発見のための三つの問い

「私は、人生から、何を求められているのか」

「私のことをほんとうに必要としている人は誰か。その人は、いつ、どこにいるのか」
「その誰かや何かのために、私にできることには、何があるのか」

この三つの問いを絶えず念頭に置いて日々を生きること。それが、私たちが自分の「なすべきこと」「満たすべき意味」「果たすべき使命」を発見するための手がかりになる、とフランクル心理学では考えます。

これは、従来の「自己実現」の心理学、「意味」発見ではなく「自己」発見にとどまる心理学とは、発想が逆さになっています。

従来の「自己実現」の心理学では、たとえばこんなふうに問います。

「あなたがほんとうにしたいことは何ですか」
「あなたの夢は何でしょう」
「あなたの人生の目標は何ですか。どんな希望や願望を実現したいですか」

しかし、フランクル心理学では、そういう発想をとりません。というのも、すでに「幸福のパラドックス」のところで説明したように、もし私たちが「自分のしたいこと」を見つけてそれを実現したとしても、すぐにまた新たな「したいこと」が生まれてきて、私たちは慢性の欲求不満に陥ってしまうからです。

フランクル心理学では逆に、こう考えます。

> この世のどこか、未来のいつかに、あなたのことをほんとうに必要としている「誰か」がいる。あなたを必要としている「何か」がある。「何か」があなたを待っている。「誰か」があなたを待っている。そして、その「何か」や「誰か」のために、あなたにもできることがある。

こんな気持ちほど、私たち人間の生きる意欲をかき立ててくれるものはありません。だから、「自分のしたいこと」ではなく、「人生が自分に求めていること」を見出せ、とフランクル心理学では言うのです。

そして、「人生が自分に求めていること」を見つけるための手がかりとして、フランクルは「三つの価値領域」というものを設定します。「創造価値」「体験価値」「態度価値」の三つです。

以下に、この三つの価値領域ごとに「意味と使命」発見の手がかりを示していきましょう。

「創造価値」を実現する

創造価値とは、何かをおこなうことによって、つまり、活動し、創造することによって実現される価値のことです。

具体的には、その人になされるのを待っている「仕事」に取り組む。その人によって完成されるのを待っている「作品」に取り組む。そのことをとおして、創造価値は実現されていきます。

創造価値を実現しながら何かに取り組んでいる時、私たちは、これが人生で自分が「なすべきこと」だと感じています。平たくいえば「やりがい意識」に満ちているわけです。こうした意識は、言うまでもなく、私たちの生きる意欲を喚起《かんき》してくれます。「私がやらねば」という気持ちになってきます。

同じことをするのでも、「仕方ないからやらなくちゃ」という気持ちで仕事を片づけていくのと、「これは私がやるべき仕事。意味のある仕事だ」という気持ちで仕事に取り組んでいる場合とでは、意欲がまったく違います。後者は、仕事をすることが創造価値の実現につながっているケースです。

フランクル心理学では、仕事を単なる生活の手段とは考えません。それを超えた、貴重な価値実現の機会だととらえます。

当然のことながら、私たちは生きていくために、お金を稼がなくてはなりません。仕事は、まず第一に、そのために必要なものでもあります。

しかし、考えてみれば、人生の時間のかなりの部分を、私たちは仕事に費やします。だとすれば、それを単なる生活の手段にしてしまっては、もったいない。

もちろん、現代人はさまざまなライフスタイルをとっていますし、なかには、仕事は生活に必要なギリギリの線で切り上げて、そこで得たものを使って、家族との生活や自分の趣味をエンジョイしていきたい、それが私の生き方だと思っている方も少なくないでしょう。

私は、そうした生き方を否定しようとは思いません。人生を意義あるものにするために、それぞれの人が、自分に合ったライフスタイルをとればいいのです。

しかし、やはり同時に、人生の時間のかなりの部分をそれに費やし、多大なエネルギーを注がざるをえない「仕事」というものが、貴重な価値実現の機会になりうるということもまた、真実です。

フランクルに「耐える力」を与えた仕事

具体例として、まずフランクルの場合をとりあげましょう。

フランクルといえば、ユダヤ人であるために、ナチスの強制収容所に被収容者として入れられていたことは、あまりにも有名です。

その体験を神経科医としての目でつづった『ある心理学者の強制収容所体験』(邦訳名『夜と霧』)は世界的なベストセラーとなりました。とくにアメリカでは爆発的な支持を得て、アメリカの議会図書館が一九九一年におこなった調査では、「もっとも影響力のある本」のベストテンに入りました。

そのあまりにも過酷で陰惨な強制収容所での生活を、にもかかわらず、医師としての冷静な目を失わずに記したこの本は、むしろ、さわやかな読後感さえ与えてくれます。それはフランクルが、数々の陰惨な悲劇を目《ま》のあたりにしながらも、なお人間の尊厳とそれを信じる心を失わなかったからだと思います。いずれにしろ、まだお読みでない方には、ぜひおすすめしたい一冊ではあります。

次に紹介するのも、そこに記されている体験です。

まわりのユダヤ人が次々と収容所へ送られる中、フランクルはその恐怖におののきながらも、ある原稿の執筆に必死に取り組んでいました。フランクルは、この時すでに自分の学説をほぼ完成していたのですが、まだその体系を一冊の本にまとめ、世に問うということはしていなかったのです。

「このまま、収容所に送られて死んでしまえば、私は、今までの人生でつくりあげてきた学説を、一度もきちんと世に問うことなく、死ぬことになってしまう。学者としての自分の使命は、当然、自分の学説を世に残すこと。だとすれば、何としてもそれまでに、自分の生きた証《あかし》であるこの著作をしあげなければ……」

おそらくそんな気持ちで原稿に向かっていたのでしょう。

しかし、ついに収容所行きの日がやってきました。

消毒場のバラックで、すべてを奪い取られたにもかかわらず、フランクルはそれでもなお、原稿をコートの裏地に縫い合わせるなどして、最後まで抵抗を試みたのです。まさにフランクルにとって、この原稿こそ、自分のいのち。死んでもそれだけは手放したくなかったに違いありません。

フランクルは、その後、著作やインタビューの中で何度も「もっともつらかった出来事」として、この原稿を奪われた時のことを述懐しています。

原稿はナチスに奪い取られてしまいましたが、生み立ての子どものような存在のこの原稿だけは、自分が学者としてこの世に存在したことの「生きた証」として残したい、という気持ちが断ち切れなかったのでしょう。

何と、収容所の被収容者となった後も諦《あきら》めず、発疹《ほっしん》チフスにかかり四十度近い高熱にうなされる中、フランクルは、仲間から四十歳の誕生日プレゼントにと送られた短い鉛筆と、ある友人が収容所の監督から盗んできてくれた数枚の小さな紙片に、速記用の記号でその原稿を再生しはじめたのです。

何と凄《すさ》まじい学者としての執念《しゅうねん》！

自分のデビュー作を何とかして世に送り出したい、というこの学者としての執念が、収容所にありながら、フランクルの生への意欲をかき立て続けていたわけです。フランクルにとって、この著作を完成することが、まさに「創造価値」「この世で果たすべき使命」となっていたのです。

たとえ短期間であったにせよ、あのアウシュビッツ収容所にまで運ばれていながら生き延びることができたなんて、フランクルという男は、よほどガツガツした人間に違いない、といった見当違いの悪口を時折、耳にします。

フランクル自身、自分が収容所の中で生きる希望を失わずにすんだのは、自著刊行へのこの執念が大きかった、と語っています。

一九四五年四月二十七日、収容所から解放されたフランクルは、ある人からラジオとタイプライターを贈られ、仕事に復帰するための論文を書くように勧められます。フランクルはこのタイプライターを使って、アウシュビッツに入所する際に取りあげられたあの原稿の再生に全力で取り組みます。

解放後数カ月経って、赤十字の助けを得てやっとのことで家族の消息を知ることができたフランクルは、同時に、父はテレージェンシュタット収容所で、母はアウシュビッツのガス室で、そして最愛の妻は悪名高きベルゲン・ベルゼンの女性収容所で命を落としていた事実を知って打ちのめされます。

しかし、この悲しみを忘れ、それに打ち克《う》つ《か》ためにも、フランクルは全身全霊をこめて原稿の再生に猛烈に取り組んでいきます。

そして何と、収容所から解放された翌年（一九四六年）、あの念願のデビュー作『医師による魂のケア』（邦訳名『死と愛』『人間とは何か』）を刊行し、自分の学説をはじめて世に問うています。

さらにその後すぐ、世界的なベストセラーとなった『ある心理学者の強制収容所体験』（邦訳名『夜と霧』）をわずか一週間程度で口述筆記し、みずからの収容所体験を公《おおやけ》にしました。そして、その後も続々と本を書き続け、収容所から解放された後、二年間（一九四六〜四七年）で実に六冊もの本を刊行しているのです。

自分の考えを本にまとめて世に送り出したい、というフランクルの執念が実を結んだわけです。彼の自著刊行への意欲・執念がどれほど凄まじいものであったかを、うかがい知ることができるでしょう。

何気ない毎日の仕事の中に、創造価値は隠れている

私の仕事は誰にでもできる仕事

フランクルの例を出すと、

「たしかに、フランクルのような大学者であれば、そんな気持ちになるのはわかる。けれど、自分はフランクルのような特別な人間ではない。高い地位についているわけでもなければ、とりたてて何か特別な才能があるわけでもない。本を書くことなんて、一生ないだろう。こんなありきたりな私には、創造価値なんてそんなもの、見つかりっこない」

と、そんなふうに思われた方もいるかもしれません。

実際、フランクルの本を読んだり講演を聴いたりして、同じような気持ちになった人はいたようです。ある青年は、次のような質問をしました。

「あなたは、何とでも言えますよ。相談所を開いたし、そこで多くの人の悩みを聴いて助けたりしたのですから、自分の仕事に意味がある、創造価値がある、それが自分の人生の使命だ、と思えるでしょう。でも、この私といえば……。

私の職業は何だと思いますか。ただの洋服屋の店員です。誰でもできるような仕事です。こんな私は、どうすればいいんですか。どうしたら、人生を意味のあるものにできるというんですか」

この質問に対してフランクルは、創造価値において大切なのは、仕事の内容やその活動半径の大きさではなく、「その人が自分に与えられた仕事をどれだけまっとうできているか」「自分の使命の及ぶ範囲をどれだけ満たしているか」であると言います。

そして、どんな仕事であれ、その仕事は、その人にだけ与えられた仕事であり、その人に与えられ、その人になされるのを「待っている」仕事だと言います。

「各人の人生がその人に与えた仕事は、その人だけが果たすべきものであり、その人にだけ求められている仕事だ」とフランクルは言うのです。

では、フランクルに質問をした洋服屋の店員に対して、私たちは何と答えたらいいでしょう。

これは、服を買いに行く時の客の気持ちになってみればわかります。

洋服屋の店員は、客に合った服を探し、見繕《みつくろ》ってあげることで、その客のイメージを演出したり、時にはわざと大胆にイメージ・チェンジしたりして、人生を楽しむのを手伝うことができます。つまり、その仕事を通して、「人生を演出することの楽しさ」を客に伝えていくことができるわけです。これは立派な創造価値、つまり、その仕事をすることの意味にならないでしょうか。

最近よく、化粧品会社のコマーシャルなどで「カウンセリングの○○」などといったフレーズが使われるので、カウンセラーである私は、つい化粧品会社に親近感を覚えることがあります。

化粧品のセールスをしている方なども、これと同じような働きがいを感じることがあるのではないでしょうか。

メイクの仕方を変えるだけで、女性はずいぶんとイメージが変わることがあります。そして、他人の目に映る自分のイメージが変わり、本人も鏡を見ることでそれを確認することができたならば、結果として、本人の自分自身に対するイメージが肯定的になります。前よりも、もっと自分のことを好きになれたり、自分に自信がついてきたりするものです。

客に合った化粧品を探して、その客がどのように自分を演出できるか、メイクの工夫をアドバイスするということは、実はこのように、その人の生き方そのものさえ変えてしまう力を秘めています。これも立派な働きがい、すなわち創造価値になっているといえるでしょう。

やりがい意識は価値を認められることから生まれる

このように人は、自分がふだんやっている「何気ない仕事」が本来持っている価値を見出すことで、同じ仕事をするのでも、働きがいを感じながら前向きな姿勢で仕事に取り組むことができます。

人はつい、その仕事の本来持っている価値を見失って、自分のやっている仕事なんて誰にでもできる仕事だ、こんな仕事なんかやってても意味がない、と思いこんでしまいがちです。

そして、いつの間にか、やる気をまったく失ってしまい、そのうえ、そのやる気のないところを上司に見つかってしまい、いやな目で見られ、さらにそんなふうにまわりに見られていることを自分でも感じるものだから、ますます本人もやる気を失ってしまう……という悪循環にはまりこんでしまうのです。

だから、どこかでこの悪循環にストップをかける必要があります。

もちろん、このストップを自分自身でかけることができれば、それに越したことはありません。自分がいつも何とはなしにやっている仕事、たとえば単純な事務仕事などが本来持っている創造価値に気づいて、それに前向きに取り組むようになっていくのです。

自分が役に立てることは、きっとある

視野を広げて、一歩踏み出す

とはいっても、今、自分のやっている仕事には、どうしても価値（働きがい）を感じることができない、もう仕事を変えなくては仕方がない、と思っている方もいることでしょう。

そんな方は、チャンスがあれば、思いきってほかの仕事を探してみるのもいいでしょう。もっとも、むやみに冒険しないほうがいいことはたしかですが。

かつて私は、イギリスとアメリカに一年間留学していましたが、そこで出会ったのは、今までの人生に見切りをつけ、もっと働きがいのある別の仕事を探すために勉強をはじめた、二十代後半から三十代前半にかけての、日本の元公務員や元一流企業のサラリーマンたちでした。

とりわけ、私がイギリスで在籍したイーストアングリア大学というところは、発展途上国の「開発」に関しては世界でも有数の大学で、夢のある分野であるからか、多くの日本人が在籍していました。実に、大学院生の三分の一が日本人学生だったのです。

彼らが言うには、毎日擦《す》り切《き》れるほど働いて、人間関係にも気を使ってクタクタになる。それでも幹部になれるのは、千人ほどいる同期の中で、ほんの二、三人だけ。もしそこをはいあがって上にいけたとしても「小さな歯車が、大きな歯車に変わるだけ」。しょせんは、消耗品にすぎない、というわけです。

大半の社員が超一流大学出身者であるこの会社の同僚たちのほとんどが、できれば会社をやめたい、と思っており、塾の講師をやりたいとか、古本屋でもはじめたいと思っているとのこと。まだ三十代前半の人たちが、です。

結婚して子どもができ、マンションを買ってローンを組んでしまうと、いやでも会社をやめられなくなってしまう。実際、そんな友人がたくさんいる。

幸い、自分はまだ結婚していないし、子どももいない。人生の大半の時間を仕事に費やすとすれば、このままの生活を続けるのは、もうご免だ。そう思って、思いきって会社をやめ、開発学の勉強をするためにイギリスの大学に来たというのです。

日本でサラリーマンをやっていると、つい目の前のことで手いっぱいになって、視野が狭くなりがちです。そして、自分の人生はせいぜいこんなものだと、低いところに基準を設定して、そこに自分を閉じこめてしまうようになるのです。

しかし彼らのように、視野を広く持って、日本の外に目を移すならば、自分が役に立てる仕事はいくらでもあるはずです。働きがいのある仕事を見つけるには、こんなふうに、まず視野を広く持つことが必要です。

また、こんな例もあります。

ある女性が看護師として働いていたのですが、その仕事は、彼女にとって、必ずしも自分を活かすことにつながらない、生きがいを感じられない仕事だと思っていました。そこで彼女は、看護師の仕事をやめて、前から好きだったパントマイムに取り組みはじめました。

すると、ある日、ちょっとしたきっかけで、ＮＧＯの要請で、ラオスの小村の人々をパントマイムで慰問しないか、という誘いがかかったのです。最初、彼女は気乗りしなかったようですが、渋々《しぶしぶ》ながら思いきってその誘いを引き受けました。

ところが、その村に到着してパントマイムをおこなったところ、文字どおりのバカ受け。それまで、どんな手段を講じてもNGOがおこなっている支援プログラムが前進しなかったのに、このパントマイムによって、プログラムそのものが前進しはじめたというのです。子どもたちが、彼女を離そうとしなかったのです。

この出来事以来、この女性は、みずから積極的にNGOの一員として何度もラオスを訪問するようになり、今では自分からすすんでスポンサー探しをするようにさえなったということです。

私はこの話を彼女の友人から聞いたのですが、その方によれば、看護師の仕事をいやいやしていた時の彼女からは想像もできないくらいに、今の彼女は輝いている、心が躍動している、ということでした。

ポイントは、最初、NGOから要請があった時、気乗りがしなかったにもかかわらず、思いきって、その誘いを引き受けてみた、ということ。

この、思いきり。迷っている時に一歩を踏み出すその勇気が、あなたの人生を変える一歩となるのです。

あなただけの創造価値を探そう

この章の締めくくりに、あなた自身の「創造価値」は、どこに見出せるかを自問自答してみましょう。

次の問いを自問自答し、その答えを書きこんでいってください。

あなたが、ふだん何気なくやっている仕事に、実は大きな価値がひそんでいる、ということがよくあります。

あなたの場合はどうでしょう。あなたがふだんやっている仕事には、どんな価値があるでしょう。それは、誰に、どんなかたちで役に立っているのでしょう。

あなたの仕事には、生涯かけて取り組んでいけるような一貫したテーマがありますか。もしあるなら、それは何ですか。

今の仕事に、そのようなテーマが見出せない人は、想像でもかまいません。あなたが、もし可能なら、これからの人生でなしとげたいと思っている仕事のテーマはどんなものですか。

今の自分の仕事にはとても満足できない、どう考えても自分にとって満足のいく働きがいは見出せない、と思っている方もいることでしょう。

「これが私の人生で果たすべき使命だ」「この世で果たすべき魂のミッションだ」と思えることがあるとしたら、それは何でしょうか。想像してみましょう。

もし今の仕事をやめるとしたら、次はどんな仕事につきたいですか。その仕事には、どんな価値（働きがい）が見出せそうですか。

視点を変えて、ほかの国の人々や、将来の世代の人々のために役立つ仕事もいいでしょう。もっと視野を広げて、何か自分が役に立てると実感できる働きがいのある仕事を、思い浮かべることはできますか。

第6章

あなたを必要とする「誰か」のためにできること

フランクルの人生肯定法②――「体験価値」を実現する

人と人とのつながりが生む力

「体験価値」を実現する

フランクルが「生きる意味」発見のためにおこなう第二、第三の問い。それは、「あなたをほんとうに必要としている人が、この世界のどこかにいます。今はいなくても、未来のいつかに必ずいます。その人は、どんな人でしょうか。そして、その誰かのために、あなたには何ができるのでしょうか」という問いです。

当然のことですが、人は、一人では生きていくことができません。

人と人とのつながりは、人間存在の本質なのです。

人は、人とのつながりにおいてでなくては「生きている喜び」のようなものを決して感じることはできないのです。

ここには、いくつかの前提があります。

一つは、人間にはどんな人にも、自分のことをほんとうに必要としている「誰か」が必ずいる。この世のどこかに必ずいる。たとえ、今はいないように思えても、未来のいつかに必ず出会うことができる、ということ。そして、その「誰か」のためにできることがある、ということです。

自分のことを必要としてくれる誰かが、いつか、どこかに必ずいて、その誰かのために、自分にもできることがある。この思いほど、私たちの生きる意欲を喚起してくれるものはありません。

そして二つめの前提は、自分のことをほんとうに必要としてくれるその「誰か」の喜びはそのまま、自分自身の喜びになる、ということです。

これは、ほかの誰かが喜ぶのがよくわかる、実感として理解できる、ということではありません。そうではなく、ほかの誰かが喜ぶのが、そのまま自分の喜びとなる、自分も嬉しくなってくる、ということです。とりわけこれは、ほかの誰かの喜びに自分も役に立つことができている、という実感がある時に顕著《けんちょ》なものです。

こういった他者との関係で実現される価値を、フランクルは「体験価値」と呼びます。フランクルの言う体験価値は、人と人との関係の中で実現される価値に限られるものではありません。自然の体験や芸術の体験なども含まれます。

仕事を終えた夕刻に、真っ赤な夕日を眺めて、その美しさに感動する。

アルプスの高山に登って自然の美しさに感動する。

コンサートホールでシンフォニーに耳を傾け、背筋が寒くなるほどの感動に包まれる。

こういった瞬間に、誰かから「人生に意味はあるのでしょうか」とたずねられたら、その答えはただ一つ、「この瞬間のためにだけ生まれてきたのだとしても、それで私はかまいません」。この答えしかありえないとフランクルは言っています。

これは、ある種の至高体験、すなわち「この上ない」体験にほかなりません。

至高体験というのは、人間性心理学のマズローの言った言葉です。マズローによれば、さまざまな至高体験のうち、もっとも多くの人が体験するのは、出産の体験とオーケストラのシンフォニーに酔いしれる体験だということです。

アルプスの高山に登る体験をフランクルがあげているのは、登山が彼の趣味だったからでしょう。フランクルは国際学会などの時にも、自分がロッククライミングをしているところを撮ったスライドを映して、「人生は登山に似ている」と言いながら自説を語っていました。

実際、フランクルはかなりの高齢になっても登山だけは続けていましたし、アルプスの二つの登山路には、その初登頂者にちなんで「フランクル登山路」という名前がつけられているそうです。その本格派ぶりがうかがえるというものです。

しかし私には、残念ながら登山の趣味はありませんし、シンフォニーを聴くのも特段、趣味というわけでもありません。そして、私は男性ですから、当然のことながら出産体験もできないわけです。

では、私にとっての至高体験は何であったかというと、それは恋愛体験です。幸運なことに「あぁ、この一瞬のためなら死んでもかまわない」と思える、そんな恋愛の絶対感情の体験を何度か持つことができています。

それはともかく、フランクルの体験価値の概念は、恋愛から芸術体験、自然の美しさに圧倒される体験までも含むかなり幅の広い概念です。しかし、あまりに広すぎて散漫になってもいけないので、ここでは、人と人とのつながりの中での体験に絞《しぼ》って、そこに焦点を当てるかたちで話を進めていくことにします。

「自分を必要とする人がいる」という支え

最初の例は、やはりナチスの収容所での体験です。

ナチスの収容所体験でわかったことの一つは、人間が生きていくうえで「時間意識」というのは、不可欠なものである、ということでした。

ある時、次のクリスマスには全員が解放されるのではないか、という噂《うわさ》がたちました。当然ながら、すでに過酷な労働と、あまりに貧しい食事しか与えられなかったために体力を消耗しきっていた被収容者たちは「その日までは」と歯をくいしばって、収容所の日々を耐え抜きました。

そして、ついにクリスマスがやってきたのですが、解放されることはなく、何事もなかったように時間が過ぎ去っていきました。

すると、どうでしょう。昨日まで「クリスマスまでは」と耐え忍んでいた人たちが、一気に生きる気力を失って死に果てていったのです。

このエピソードは、人間が心のはりを失わずに生きていくには、時間意識、とくに未来への展望を欠くことはできない、ということを教えてくれています。

そんな絶望に包まれたある夜、フランクルのところに、二人の被収容者がたずねてきました。彼らが言うには、「もうこのままここで生きていても、そのうち無残に殺されたり、飢《う》えと疲れで死に果てていくのを待つだけだと思う。だとすれば、いっそのこと、自分で自分の生命を絶ちたいと思うがどうだろう」とのことでした。

フランクルは、彼らとの話し合いの中で、次のことを発見したといいます。

すなわち、そのうちの一人は学者で、自分が編者であった地理学の著作シリーズを完成させるという仕事が彼を待っている、ということ（これは、前章で説明した創造価値にあたります）。そして、もう一人は、外国で娘が、彼が収容所から出てくるのを待っている、ということを発見したのです。

二人は自殺をとりやめ、生きる意欲を回復していったといいます。

後者が、体験価値が生きる意欲につながった例です。

人に喜んでもらうことが、生きる喜び

このように、「自分のことを必要としてくれる誰かがいる」という意識は、私たちの生きる意欲を喚起してくれます。

次の例は、私がフランクル心理学を教わった高島《たかしま》博《ひろし》医師から聞いた話です。

余命三カ月と診断されたある老女がいました。

彼女は、自分の病状からもう先は長くないことを察したのでしょうか、次第に自己中心的な態度をとるようになり、見舞いに来てくれた家族や、担当の看護師さんに、横暴な態度をとりはじめたのです。自分はもうすぐ死ぬのだから、まわりの人は自分に尽くしてくれて当然、いやそれどころか、まだまだ足りないと、そんな思いになっていたのでしょう。また、もう自分の容姿も気にかけなくなって、なりふり構わなくなり、化粧もいっさいしなくなっていました。

しかし、その彼女がある時、ふと窓の外を見やると、彼女の目には憔悴《しょうすい》しきったサラリーマンたちの姿が映りました。彼女はそこで、「人生に絶望しているのは、

自分だけではないんだ」ということに気づいたのです。

すると、元来、陽気で活発な性格の持ち主であったこの老女は、その翌日から、看護師に手伝ってもらって、化粧を整え、車椅子を外に出させ、看護師に押してもらいながら、出勤を急ぐサラリーマンの一人ひとりに「行ってらっしゃい」と微笑《ほほえ》みかけていったのです。最初は、何のことか、ととまどっていたサラリーマンたちも、次第に、ニッコリと笑顔を返してくれるようになりました。疲れきって曇りがちだったサラリーマンたちの顔にも、微笑みと元気が戻ってくるのが、手に取るようにわかったのです。

これが嬉しくて、朝の挨拶《あいさつ》はこの老女の日課となり、それが生きがいとなったためか、余命が予測より三カ月も延びたというのです。

人に喜んでもらうことが、その人自身の生きる喜びとなっていった好例です。

否定的な自己イメージが変わってゆく

どこの中学校にも、次のような子どもがいるはずです。

お父さんは仕事で忙しくて、夜遅くにしか帰ってこないし、あまりかまってもらえない。お母さんは、勉強勉強とうるさくて、ストレスがたまってしまう。最初は、お母さんのためにと頑張って勉強したけれど、どんなに頑張っても「もっと頑張りなさい。あともう少しで百点じゃない」と、頑張れ頑張れを連発されるので、もういやになってしまった。

町でふと会った友だちと遊んでいたら「万引きしよう」と誘われて、最初は断ろうと思ったものの、相手はしつこいし、自分もここのところむしゃくしゃしていたので、まぁいいか、と思って万引きをしたところ、見事に捕《つか》まってしまった。

その後、学校の先生からも親からも、「また万引きしているんじゃないだろうな」と言われ続け、疑いの目で見られ続けて、「あぁ、誰も俺のことを信用してくれないんだ」という気持ちになる。そして「どうせ俺なんか」という気持ちになって、最初はやる気がなかった非行やいじめを続けていく。こんなケースです。

さとし君（仮名）も、そんな、どこの学校にでもいそうな、自称札つきの非行少年でした。このさとし君が、ひょんなことから、小さな子どもばかりのいる施設にボランティアに行くことになったのです。

最初は、「なんで俺がボランティアなんかに」と思っていたさとし君ですが、「どうせ暇だし」と思って施設に行ってみると、小さな子どもが「お兄ちゃん、遊んで」と、いっせいに寄ってくる。

小さな子どもは、やっぱりかわいい。そして何より、自分と遊ぶことをこんなに喜んでくれる。この体験に感動したさとし君は、それ以来、むしゃくしゃが収まり、非行やいじめをしなくなったといいます。

さとし君は、ふだん、まわりの大人からなかなか信用してもらえず、「お前なんか、この世で必要とされていない存在だ」という否定的なメッセージを送られ続けてきました。そして、それが「俺なんか、どうせ誰からも喜ばれていない、必要とされていない存在だ」という否定的な自己イメージにつながり、それが彼のむしゃくしゃとなり、ひいては非行やいじめにつながっていたのです。

しかし、ボランティアで小さな子どものいる施設に行き、そこで子どもたちに慕われる中で、さとし君は「俺のことをこんなに必要としてくれる人がいるんだ」ということを実感しました。

そして、その体験を重ねていくうちに、彼の自己イメージ自体が、「誰からも歓迎されず、必要とされていない存在」という否定的な自己イメージから、「ほかの人から必要とされ、喜んでもらえる存在」という肯定的な自己イメージへと変わっていったのです。つまり、自己肯定感が高まっていったわけで、それが彼を変えていったのです。

同じように非行やいじめを続けていたある高校生が、老人施設に行き、ゲートボールのコーチのボランティアをすることで、やはり「俺のことをこんなに必要としたり、喜んでくれたりする人もいるんだ」ということを実感して、非行やいじめをやめたという実践報告もあります。

ボランティアでなくても、学校の行事や係活動で「クラスのみんなに必要とされている」「クラスのみんなの役に立てている」という実感を持つことが、その子どもを変えていくことがあります。

いつもはあまり目立たず、「自分なんか、このクラスにいてもいなくても同じだ」

という気持ちを抱いていた子どもが、文化祭や運動会などのイヴェントで活躍できる場を与えられると、「自分もこのクラスで必要とされているんだ。このクラスでできることがあるんだ」と実感し、自己肯定感を高めて変わっていくのです。

係活動も、こうした意識を高めることがあります。

ある小学校に、不登校傾向があり、学校には来ているのだけれど、教室にはなかなか入れず、毎日、保健室で勉強しているさゆりちゃん（仮名）という二年生の女の子がいました。俗にいう保健室登校の子どもです。

さゆりちゃんに、そろそろ教室に戻ってきてほしいと思ったクラス担任の先生が、「さゆりちゃん、何か好きなことない？」とたずねると、さゆりちゃんから「カメが好き」という返事が返ってきました。

それを聞いたクラス担任の先生は、さっそく、クラスでカメを飼うことにして、その「カメの飼育係」にさゆりちゃんをあてました。

張りきったさゆりちゃんは、カメに餌《えさ》をやるために、教室に戻ってきました。

それればかりではありません。教室のカメの様子が気になるさゆりちゃんは、学校が休みの土曜日や日曜日でも、学校に来るようになったのです。

「自分のことを必要としている人がいる」、いや「自分のことを必要としているカメがいる」という意識が、さゆりちゃんの登校意欲をかき立てたのです。

自分を犠牲にしても、喜びは生まれない

家族ほど、素晴らしい関係はない

自分のことを必要としてくれる人がいる。

自分のことを喜んでくれる人がいる。

そんな気持ちが、私たちの生きる喜びとなって返ってくるし、生きるエネルギーとなっていく。そう私は言いました。

そう考えると、クローズアップされてくるのが、「家族」の存在です。

いつも苦楽を共にしている家族、夫婦や親子ほど、お互いのことを必要とし、また、それぞれの喜びを自分の喜びにもできる相手はいないからです。

私には、娘が一人います。友希《ゆうき》といいます。

今はもう二十七歳になりますが、幼い頃は、ほんとうに可愛いかった。世の親が

親バカになる気持ちがよくわかりました。

一番思い出として残っているのは、友希がまだ歩きはじめたばかりの頃。当然ながら、まだどこか、ふらふらした、安定しない歩き方しかできませんでした。けれど、機嫌のいい時など、こちらを向いてニコッと笑い、満面の笑みを浮かべながら、全力でこちらに駆け寄ってきてくれました。そんなわが子を抱きしめる、その時ほど、幸せを感じる瞬間はありませんでした。

わが子の笑顔は、そのまま、私自身の喜びでした。

家族ほど、難しい関係はない

私はさきほど、家族ほど、相手の喜びがそのまま自分の喜びにもなる関係はない、と言いました。

しかし、その反面、いったんこじれてしまうと、実は家族関係ほど、修復が難しい関係もないのです。

家族というのは、当たり前ですが、毎日生活を共にする身近な関係です。しかしあまりに近いため、お互いに適切な心の距離がとれなくなってしまう。そこが難しいのです。

よく、老人福祉施設へボランティアに行って、そこでお年寄りの面倒をみている方が、自分と同居している親の面倒はほとんどみない、といった話を耳にします。一見矛盾しているようですが、何となくわかる気がしませんか。

ある中学生が、いつもは自分のおばあちゃんの世話はまったくしないのに、たまたまボランティアで行った施設で自分のおばあちゃんと会ってしまった。すると、すごく親切に面倒をみてくれて、おばあちゃんは感激して涙を流した、という話を聞いたこともあります。しかし、その中学生は家に帰ると、元の木阿弥《もくあみ》で、やっぱりおばあちゃんの面倒など、ぜんぜんみないのです。

人は、ちょうどいいくらいの心の距離がとれていてはじめて、相手と好ましいかかわりができます。しかし、家族ではそれがたいへん難しい。そのため、ちょっとしたトラブルがあった時、それにきちんと対処していればいいのですが、放置しておくと、どんどんこじれてしまって、修復不可能と思われるまで悪化していくケースも少なくないのです。

とくに難しいのは、夫婦関係と親子関係です。

スクールカウンセラーとして、子どもの問題の相談を母親から受けていても、結果的に、夫婦の問題にたどりつくことが、非常に多いように思います。

たとえば、不登校のお子さんの相談に来ていても、カウンセリングの中で自分を見つめていくうちに、むしろほんとうの問題は子どもというより、自分たち夫婦関係のごまかしにあること、お子さんの不登校は、夫婦関係の歪みから生まれた家族の変調の結果としてもたらされた一つの出来事にすぎない、ということに気づいていくのです。

そして「先生、今はこの子が大変だから我慢しますけど、この子が学校に行きはじめたら、私、離婚しようと思うんです」などと、語りはじめるわけです。

また、私はカウンセリング研修の一環として、エンカウンターグループという自由な話し合い・語り合いの場を持っています。参加者それぞれが、自分の人生を見つめ、語り合うのです。

メンバーは四十代以降の女性の方が多いのですが、そこで語られるトピックで一番多いのは、夫婦関係です。

「これまで、私たち夫婦は、それなりにいい夫婦だと思っていたけれど、中身のまったくない、空虚な夫婦だったということに気づいた。さて、どうしよう」

そう言うわけです。

この気づきそのものは、たいへん素晴らしい。そして、それをきっかけにして、それまで長いあいだ続けてきた夫婦関係の歪みを改善しようとするわけですが、それがなかなか難しいのです。

たとえば、ある方が夫に何か反論をしようとすると、途端に夫の機嫌が悪くなる。すぐ席を立ったり、怒鳴ったりして、会話にならない。考えてみれば、きちんと話ができたことなど、ここ数年に数えるくらいしかなく、なんて中身のない、空虚な夫婦だったんだろう、と思えてくるのです。

そこで、エンカウンターグループで学んだ心理学の技術を活かして夫婦関係を改善しようとするのですが、なかなかうまくいきません。もちろん、ちょっとしたヒントで見違えるように関係を改善していく夫婦もあります。しかし、とくに五十代以上の夫婦だと、もう関係が凝《こ》り固《かた》まっているようなところがあって、なかなか変わりません。少し変わったように見えても、すぐふりだしに戻ってしまいます。

そんなことをくり返していくうちに、絶望して、もうすぐ六十歳になろうという頃になって離婚を決意する方もいます。定年まで辛抱して、退職金が入ったら、それで二人の人生をやり直そうと考える方もいます。

ある意味でこっけいというか、悲しくさえなるのは、妻のほうがこれだけ夫婦関係に悩んで、あれこれ考えているというのに、夫のほうは、それにまったくといっていいほど気づかないケースがよくあることです。そして、妻のほうからいきなり離婚をつきつけられて、そこではじめて問題に気づく、というわけです。

ただ尽くして、自分は空っぽ

夫婦の悩みをうかがっていてつくづく感じるのは、日本の男たちには、「話を聞けない」人が多い、ということです。

なかなか妻と会話をしようとしない。実務的な話はできても、心のやりとりはできない。何か都合が悪いことを指摘されると、怒鳴り出すか、逃げ出すかしかできない。相手の話をきちんと聞き、気持ちを受け止めることができない。途端に不機嫌になり、暴力をふるいはじめる人もいます。

ここで、もう一つの問題は、女性が頑張りすぎてしまいやすいことです。

やみくもに家庭のために尽くす。「自分」を空っぽにして、ひたすら夫のため、子どものため、と頑張る。

自分はなぜ、こんなに人のことばかりしているんだろう、と時折思うことがあっても、いやそんなことはない、私にとっては夫や子どものことが一番大切なのだ、夫や子どもに尽くすことが自分のためでもあるのだと自分に言い聞かせる。

夫や子どものほうも、いつの間にか、お母さんは僕たちのために尽くしてくれて当たり前なのだと思うようになって、べったり依存する。

それで、ますます妻は、夫や子どものために頑張り続けるのだけれど、子どもが成人して巣立ち、夫ももうすぐ定年、という頃になってはじめて、「私の人生は何だったのだ」「まるで、家庭のための奴隷ではないか」「自分のために、何をしてきたというのだ」と、自分自身の人生の空虚さに気づいて愕然とする。

子どもは子どもで好き勝手に生きているだけだし、夫は夫で、相変わらずべったり依存して、妻のことを自分専属の奴隷か召使いのようにこき使うだけ。これは何なんだ、というわけです。

「家庭のため」に自分を犠牲にして、けなげに頑張る。その結果、自分の人生を生きることができず、その不幸をほかの誰かのせいにする、という悪循環が生まれやすくなります。

これは、フランクル心理学のいう「体験価値」とは違います。

自分を生きる、自分を超える

まずは「自分を確立する」ことから

では、「誰かの犠牲になる」式の自己犠牲的な「〇〇のため」と、フランクルがいう、相手の喜びが自分の喜びになるような「〇〇のため」とは、どこが違うのでしょうか。

このことを考えるうえで、トランスパーソナル心理学における「プレパーソナル」「パーソナル」「トランスパーソナル」の三つの概念の区別が役に立つように思います。

「プレパーソナル」とは、「自分」を確立する以前の、他人との関係や集団に埋没しているような状態です。この段階にいる人は、まだ「自分」がない。そのため、「自分」がないまま、ただひたすら相手のために尽くしたり、集団に貢献しようとします。たとえば、マインド・コントロールされて、あるカルト教団に入ったりしている人は、この典型的な状態にあるといえます。

「パーソナル」とは、プレパーソナルな、相手への従属や、集団への埋没から脱け出して、「自分」を確立することができている状態。多くの日本人にとっては、この段階に移行することが大きな課題となります。

「トランスパーソナル」とは、「自分」を確立した人が、さらにそれを超えて、何かほかの誰かのためになることをしようとしたり、社会や集団に貢献したりすることです。自分を超えた「大いなる何か」とのつながりに目覚め、それを大切に生きるようになります。

残念ながら、日本人の多くは、まだ「自分」を確立しておらず、プレパーソナルな状態にとどまっています。

そして、この状態にとどまっている人が、フランクルの本などを読んで「そうか、相手のために尽くすことはいいことなんだ」と感動すると、ますます相手への従属を強化し、「自己喪失」を深刻化させていくことがあります。「人のために尽くす」ことは大きな喜びにもなるので、かえって危険なのです。その点は充分に注意してほしいところです。

フランクル心理学の体験価値の実現は、すでに「自分」を確立している人の課題です。そういう人が、単に自分のために生きるという壁をどうやって乗り越えるかが問題になる時になしとげるべき課題です。

しかし、まだプレパーソナルな段階にとどまっている人の課題は、まずは「自分」を確立することです。

お互いを大切にし合える関係

カウンセリングをとおして「日本的家族関係の悲惨」を目のあたりにしている私は、学生たちに常々、「今、君たちにとって一番大切な仕事は、お互いをほんとうに大切にし合える相手を見つけること。または、将来そんな相手を見つけることができるように経験を積んでおくことだ」と言っています。

そのため、アルバイトのためのゼミ欠席は許しませんが、「ここが勝負」という時の、真剣恋愛のためのゼミ欠席は許可するようにしています。それくらい、恋愛と結婚は大切だということを学生たちにわかってもらいたいからです。

しかし、学生たちの話を聞いていても、日本の男女関係は、基本的に、あまり変わっていないと実感させられることが多いのも事実です。

今の若いカップルでも、女の子に対して自分に隷属するような関係を求める男は少なくないのです。そして、女の子も「強い男が好き」などと言って、いろいろなことを強要してくる男の子に従ってしまうことがあります。

そういう男の子は、相手の女の子を自分の意のままに従わせることができるのがいい男であることの証明だし、女の子からみれば、男の子の欲求を満たしてあげられることがいい女であることの証明であるかのように思っているフシがあって気になります。以前とはかなり変わってきたとはいえ、相変わらず男に迎合するような考えを持つ若い女の子も一定数いるのです。

もちろん、どんな異性を好きになるかはそれぞれの自由ですし、私の考えを押しつけるつもりはありません。しかし、単に性的な魅力があるだけでなく、「いっしょにいると安心できる相手」「自分の言いたいことを言えて、わかってくれる相手」「人間としてお互い大切にし合える関係をつくれる相手」こそが、結局、男女の関係をもっとも深められる相手でもあることを、わかってほしいと思います。

あなただけの体験価値を発見しよう

この章の締めくくりに、あなた自身の体験価値は、どこに見出されるかを探してみましょう。次の問いを自問して、答えを枠の中に書きこんでいきましょう。

あなたが、ふだん何気なく会っている人との関係に、実は大きな価値がひそんでいる、ということがあります。

あなたの場合はどうでしょう。あなたがふだん会っている人々、家族とか同僚とか恋人、友人といった人々との関係には、どんな価値があるでしょう。

それは、誰にどんなかたちで役に立っているのでしょう。あなたが、その人のためにできることには、何があるでしょう。

あなたが毎日会っている人との関係は、お互いを大切にし合えるような関係になっているでしょうか。どちらか一方が相手に従属し、もう一方が他方を支配する、といった関係になってしまっていないでしょうか。

もしどちらか一方が、相手に従属するような関係になっているとすれば、その関係を改善し、お互いに自分を大切にし合える関係にするために、あなたには、何ができるでしょうか。相手のせいにして責めるのではなく、自分にできることには何があるでしょうか。

今、自分のまわりにはいないけれど、自分をほんとうに必要としてくれる人は、この世界のどこかにいるはずだ、未来のいつかに、きっと出会えるはずだ、と思っている方もいるでしょう。

想像でもかまいません。この世界のどこかに、そして未来のいつかに、あなたのことをほんとうに必要としている誰かがいるとしたら、その人はどんな人でしょう。その人のイメージを思い浮かべてください。

その人はどこにいて、どんなことをしている人ですか。その人は、あなたに、何を求めていますか。あなたは、その人のために何をすることができますか。

第7章

「運命の受け止め方」次第で、人生は変わる

フランクルの人生肯定法③——「態度価値」を実現する

「変えられない事実」をどう受け止めるか

自分の顔は好きですか

人間には、持って生まれた運命というものがあります。

どんな家庭に生まれたか、どんな才能を持っているか、からだは健康なほうか病気がちか、など……。

もちろん、私は単なる「運命論者」ではありません。運命ですべてが決まるなどとは思ってもいません。第一、そんなことを思っていたらカウンセラーなんてやっていません。

しかし、人間には、持って生まれた運命があり、変えられない事実を背負っていかなくてはならないことも、また真実です。

そして、その「運命」「変えられない事実」を、どんな哲学で、どう受け止めるかが、決定的に大切になってきます。

では、私たちが受け止めなくてはならない「変えられない事実」には、どのようなものがあるでしょうか。

男女を問わず、とくに若い人々が、それにこだわって悩み苦しんでいるものの一つに、「顔の美醜《びしゅう》」があります。つまり、顔がいいか悪いか、ハンサム(美人)か、そうでないかです。

とくに、現代はナルシズム(自己愛)の時代。ある調査によれば、十代から二十代の若者の実に半数以上が「私はナルシストである」と答えており、とくにその中でも、もっとも強くこだわるのが「自分の容姿、とくに顔」だということですから、今の若者たちがどれほど自分の顔を気にかけているのかがわかります。

「今は整形だってできるんだから、別に顔なんて『変えられない事実』じゃないんじゃないか」と思う方もいらっしゃるでしょう。

以前に比べて、整形はかなり身近なものになりました。私も整形が悪いとは思っていませんが、まだ自分の顔を整形することに抵抗が強い人も少なくありません。

また、整形して顔があまりに変わってしまって、まわりの人から誰だかわからなくなっても、それはそれで困る……というわけで、多くの人は、持って生まれた自分の顔の良し悪しに悩んでいるのです。

ともかく、人間にとって容姿、顔やスタイルは、やはり気になるもののようです。

ある時、カウンセリング・ルームに、ある男子学生がたずねてきました。

身長も高く、ハンサムで、なかなかシャープな顔だちをしています。

しかし、その男子学生は、ほかならぬ自分の顔のことで悩んでいるのだと言います。クッキリした目鼻だちのために、彼は、駅などでよく外国人と間違われることがあり、友人や兄弟、そして両親からも、そのことでからかわれるのだそうです。

少しだけ驚いた私は、思わず次のように言ってしまいました。

「君はハンサムだと思うけどなぁ。顔も小さいし。正直言ってうらやましいくらいだよ」

けれど、そんな私の言葉など、彼にとっては何の慰《なぐさ》めにもなりません。彼は、自分がこれまでの人生で、顔のためにどれだけ苦しんできたかを語り、カウンセラーである私は、彼のその悩みに耳を傾けました。

顔の美醜というのは、男女を問わず、身長やスタイルと同様にコンプレックスの原因となるようです。しかし、身長やスタイルには、それを測定する共通のモノサシがありますが、顔については客観的な測定や評価の基準はありません。

自分の顔であれ、他人の顔であれ、それをどう評価するか、好きになるか嫌いになるかは、人それぞれです。

昨今、個性的なファッションが流行し、顔の美醜についての基準も、ますます多様化してきました。最近の人気タレントの顔なども、ある人が見れば「キレイ」「カワイイ」「カッコイイ」となるのでしょうが、別の人から見れば「この顔のどこがいいの？　理解に苦しむ」となるケースも少なくありません。

私自身の顔についていえば、九州人によく見られる、ゴツゴツした顔です。目や鼻の大きさは人並みですが、顔面が大きな分、小さく見えるようです。大学生の頃の私は、そんな自分の顔にコンプレックスを抱いていました。

しかし、その後、ある学習塾の講師となり、子どもたちから「顔デカ」というニックネームをつけてもらって人気者になった頃から、自分の顔に対する見方が少し変わってきました。テレビドラマを見ても、西田敏行《にしだとしゆき》や武田鉄矢《たけだてつや》など、人から頼られるタイプの役柄の俳優には、なぜか顔面が大きく、ゴツゴツした顔だちの人が多いように思います。

私の仕事もカウンセラー兼大学教員という、人から頼られる仕事です。統計的データを見たことはありませんが、私のこの大きな顔は、ひょっとするとカウンセラー向きの顔なのかもしれないと、そう思うようになったのです。

アゴを手術した人、しなかった人

プロレスラーのアントニオ猪木さんといえば、あのなが～いアゴがトレードマークです。

私は猪木さんの熱狂的なファンなのですが、実は、若い頃の猪木さんは、あの長いアゴにたいそうコンプレックスを抱いていたそうなのです。病気ではないか、手術すれば治るのか、などと思い悩んだ猪木さんは、決意して、病院のドアをたたいたこともあったようです。

ところが、そんな猪木さんに対して医師は、次のように言ったのです。

「猪木さん、そのアゴを短くするなんて、もったいない。プロレスラーという人気商売をするあなたにとって、その長いアゴは、何にもまさる商売道具になるはずです。その長いアゴを一度見た人は、もうそれで、あなたのことを忘れないでしょう。絶好のトレードマークじゃないですか」

燃える闘魂・アントニオ猪木の、拳《こぶし》を握り、長いアゴを突き出す、あの独特のファイティングポーズは、こうして生まれたわけです。それまでの猪木さんは、どことなく自信なさげで、ファイトにも弱気な面が見え隠れしていたのですが、このあたりからフッ切れて、世界最強の格闘家を目指して邁進《まいしん》していったのです。

カウンセリングの分野で「リフレイミング」という技法があります。それまで、よくないもの、自分の欠点だと思っていたものを、それが密《ひそ》かに持っている肯定的な意味の観点からとらえ直すことによって、その意味づけを変えていく技法です。

猪木さんも、この医師の助言によって、自分のアゴを、自分の職業にとっての肯定的な意味からとらえ直すことができ、さらにプロレスという仕事そのものへの姿勢をも変えていったのです。

同じように、長いアゴの持ち主で、そのアゴそのものを手術することで肯定的な生き方を実現した方もいます。矯正《きょうせい》歯科医の船木《ふなき》純三《じゅんぞう》さんです。

船木さんは、子どもの頃「アゴ」というあだ名をつけられ、このニックネームで呼ばれるたびに、心臓をわしづかみにされるような、苦しく、みじめなつらい思いを味わったそうです。

そして船木さん自身、矯正歯科のプロとして仕事をしていくうちに、何か後ろめたいプレッシャーを感じるようになったというのです。

ふつうの矯正歯科医なら、マスクを外して患者と話をするのですが、患者さんに歯並びの悪さがバレるのを恐れて、船木さんはマスクを外すことができませんでした。マスクをしたまま、モゴモゴと話をしていたというのです。

そんな船木さんの心を、ますます頑《かたく》なにしてしまう心ない言葉もありました。船木さんがまだ大学院生だった頃、歯並びの悪い船木さんを慰めるつもりで、ある先輩がこう言ったというのです。

「自分の悪い歯並びを患者に見せて、こんな悪い歯並びにならないようにと言ってあげたら」

実にデリカシーがない、というか、相手が気にしていることへの配慮を欠いた言葉です。実際、船木さんは、その時以来、一度も患者さんと話をする時にマスクを外すことはなかったといいます。

そんな体験を重ねるうちに、ついに船木さんは「アゴを切ってでも、歯並びを直そう」と決意するに至ります。手術はかなり大変なものでした。船木さんはそのために多くのエネルギーを費やしたのですが、そのかいあって手術後、それまでと違って、マスクを外して患者さんと話すことができるようになりました。

そして、治療方針などを患者さんと話す時には、船木さんは自信を持って「私も矯正の経験があります。あなたも治療をすれば、私のようによく嚙《か》める美しい歯並びになりますよ」と言うようになったというのです。

船木さんは言います。

きっと私はこの言葉を言うために歯科大学に入学して、矯正の大学院を卒業し、そして矯正専門開業医になったのかもしれない。これまでの悪い見本が良い見本となった今、私を育ててくれた諸先生方に心から感謝したい。

（船木純三『あごのかたち』風人社）

アントニオ猪木さんは、あの長いアゴを、自分のトレードマークとして、肯定的に受け入れ、それによって自信に満ちた選手へと変身しました。

一方、矯正歯科医の船木さんは、あえて自分のアゴと歯並びを手術することによって、自信に満ちた態度で仕事ができるようになりました。

手術するか否かが問題なのではありません。

大切なのは、長いアゴに生まれてきたという自分の運命に対して、どんな態度をとることができるか、ということです。

「しょせん、俺はこの程度の人間」と後ろ向きに構えて、ますます自信をなくしていくのか、それとも、猪木さんや船木さんのように、その問題をそのまま受け止めて、そのうえで、自信のある生き方を可能にするような態度決定をすることができるか――そこに人生の分かれ目が存在しています。

要は、「運命に流される」ような受け身的な態度で生きるのではなく、運命は運命としてそのまま受け止めながらも、「その運命を、ポジティブな意味を持つものとして受け取ることができるような前向きな姿勢」を積極的にとっていくことが大切なのでしょう。

どちらも、同じように、生きていくうえで大切な何かを教えてくれる事例です。

すべての運命を肯定する「逆転の発想」

傷だらけの自分のまま、胸を張って生きる

人間が引き受けなくてはならない「変えられない運命」は、しばしば重たいものとして私たちの前に現れます。

私の友人の堀内宏樹《ほりうちひろき》さんは、まさにこの「変えられない運命」に直面しながら、前向きな生き方を貫き通している方です。

堀内さんは、小学二年生の頃から、血液の病気に苦しめられました。一九七九年のことです。

血液の病気とは、急性リンパ性白血病という病気です。まだその当時は、この病気の治療法が今ほど確立しておらず、半ば「不治の病」とみなされていたようです。同じ病気から回復した患者さんの同窓会では、堀内さんがダントツで早い時期

の体験者で、同じ時期に治療を受けたほかの人は亡くなってしまったか、まだ公の場へ出られるような状態に回復していないか、そのいずれかだったといいます。

そんな時期、まだ小学二年生だった堀内さんは、毎日が死と直面するような壮絶な治療を体験し、この病と闘い続けました。

たとえば、「マルク」と呼ばれる、胸のあたりに太い注射器を押し当てて血液をとっておこなう検査の時は、みぞおちから五センチあたりのところを、まるでねじ釘《くぎ》でグリグリ刺されて抜かれるような痛みを感じたといいます。

また、骨髄《こつずい》移植をおこなうために、いったん入ると移植が成功するか失敗して死ぬかするまで出ることのできない無菌室に入れられ、精密機械になったような気持ちで毎日を過ごしました。まだ小学二年生なのに、家族や見舞いの人たちとも、プラスチックの板越しに丸い窓口のようなところを通してしか話せない……。

運よく、たった一人のきょうだいである妹さんとＨＬＡ型が合ったために骨髄を移植することはできましたが、それから、堀内さんの骨髄と妹さんの骨髄との壮絶な闘いが堀内さんの体内ではじまりました。

心臓に近いところから、胸と肩のあいだあたりの太い血管に太い管を通して、点滴づけの生活が一カ月ほどあり、そのあいだに肝臓も傷めて、目に黄疸《おうだん》が出たり、肺炎にかかって四十度を超える発熱に一週間以上苦しめられたこともあったといいます。そして薬の後遺症も加わって、次第に、からだのあちこちがただれてきました。背中、おなか、おへそ、お尻、膝《ひざ》と、とにかく全身といっていいほど、あちこちがただれていき、何とか病気は治ったものの、堀内さんのからだには、多くの傷痕《きずあと》が残りました。見た目には、かなりひどい火傷《やけど》の痕のようにも見えます。

素晴らしいのは、自分のからだの傷痕に対して堀内さんがとる態度です。堀内さんの講演記録「胸を張って生きる――堀内宏樹さんをお招きして」からその一部を紹介しましょう。

僕には、最近の骨髄移植者には見られない外傷があり、ただれた痕が残り、髪は疎《まば》らで、二次性徴をうまく遂《と》げられなかったこともあり、からだの発育が悪いです。

眼は、初期の白内障《はくないしょう》ですし、歯も、長い入院生活のあいだにカルシウムを使い果たしてボロボロで、治療中ですし、口の中も全部が口内炎《こうないえん》のようになったことがあって、いまだに味の濃い食べ物は苦手ですし、唾液《だえき》も普通の人より少ないので、食べるのに時間がかかります。

ブ男だとか、ハンサムだとか、そういう次元を超えたところで容貌《ようぼう》が悪いです。だから、さっきも言ったように、「冷たい目」や好奇の目で見られたり、通りがけに吐き捨てるように、なにか心ないことを言われたりすることは、しばしばです。

小学校に再び通うようになり、廊下を歩いていると、好奇心旺盛《おうせい》な一、二年生なんかが寄ってきて、「お兄ちゃん、なんでそんな顔なん？」とか「汚い顔！」などと言われても、ちゃんと病気のことを説明できる自信もないし、できないしで、ただただそんな子どもに微笑んで「んー、なんでかな」とか言って、誤魔化すしかない自分がとても嫌でした。

それでもかなりマシな方で、ひどいのになると、僕を見つけると、「面《おも》しろいで、「見てみ」とか言って二人でやって来て、顔をジロジロ珍しそうに見てくるものだから、いたたまれない気持ちになって顔を伏せると、下からさらに覗《のぞ》きこんでくる、なんてこともありました。

もう、腹が立つのと情けないのとで、怒鳴りたいのや殴りたい気持ちを必死で抑えて、横にいた友だちが止めてくれるうちに、逃げるようにして教室に帰ったこともありました。

こんなことは、今でも電車になんか乗っていると、たまにあります。視線を感じてそっちのほうに顔を向けると、誰か必ず一人は珍しそうに僕を見ています。最初の頃は、それが嫌で嫌で、その度《たび》に顔を背《そむ》けていたのですが、最近は僕の方も慣れてきて、たいていの人は、二、三回視線があうともう見なくなるから、とにかく相手が再びこっちの顔をじろじろ見ることがなくなるまで、反対に相手の顔をじっと見返すことができるようになりました。

この前は、学校の帰りに駅のベンチに座って電車を待っていると、高校生くらいのヤンキーのネエちゃんが二人歩いてきて、僕に気づくと、前を通る時に僕に聞こえるように大きい声で「びっくりしたぁ！　ほんまに汚《きたな》い！」と吐き捨てるように言われました。

その翌日の帰りには、電車の中で、予備校の男の子のうち一人が、もう一人に「ようこんな頭で歩けるなぁ。帽子かぶってやんな、やってられへんわ！」と言っているのが聞こえてきました。

こんなことを言われるのは、もう慣れっこになっているはずなのに、やっぱり、たまにこんなことを言われると、かなりこたえます。だから、今でも、家に帰ってから思い出されて、泣きたい気分になることがあります。

そんな数ある経験の中でも、一番ショックだったのは、僕が小、中学校と好きだった女の子と、教室のドアを開けた時に鉢合《はちあ》わせになった時、その子が僕の顔を見て、「あー、びっくりした！」と言った時でした。

「そりゃあ、突然この顔を見たらびっくりするのはわかるけど、なにも声に出して言わなくても……」と思って、すっごい悲しくなったのを覚えています。

その時以来、そういう、突然人と鉢合わせになりそうな所を歩く時は、自然と、顔を伏せて、頭から入ってしまうのが習慣化してしまったようです。

とにかく僕は、自分の姿・形にすごくコンプレックスを感じているんです。皆さんの中には、「それなら、整形手術をすればいいじゃないか」と思われる方もいらっしゃるかもしれません。実際、父や祖母からも勧められたことがあります。

でも、僕は、こういった容貌に、コンプレックスを感じている反面、白血病という大きな病気を克服して勝ち取ったこのからだに、ほとんどの人が死んでいった十三年前のこの病気に耐えぬいたこのからだに、誇りを持っているんです。だから、このからだをいじることは、僕のプライドが許さないんです。

それに、僕と会う人、話す人、いっしょにいたいと思う人……僕にかかわるすべての人に、十三年前の傷をそのままひきずって生きている今の僕の姿を、そのまま受け入れてほしいんです。

前に成人病センターに行った時、「宏樹は、この病院の白血病患者で生き残った、最初の一人や！　もっと胸を張って生きろ！」と先生に言われたことがあります。僕のいのちは、これまで多くの同病者の、死による経験がいかされてあるんです。その人たちの分のいのちを、僕は、受け継いでいるのだと思っています。

だから、その人たちの分も頑張って、このからだで生き抜いていこうと思っています。そして、僕にしかできないことを探し出し、僕が生きた証をつくりたいと思っています。

こうして堀内さんは、白血病の闘病の傷痕を引きずりながら、それでも、そのまさに傷痕に自分のプライドを見出し、「胸を張って生きる」生き方を実践しています。そして「僕にしかできないこと」を探し出し、「僕が生きた証」をつくり出そうとされています。

すべてを自分の病と、その病が与えた傷痕のせいにして、後ろ向きな人生を続けることもできたはずです。いや、同じ状況に置かれたら、そんな後ろ向きな生き方しかできなくなってしまう人のほうが多いのではないかと思います。

しかし堀内さんはまさにその自分の傷痕に、白血病というどうしようもない病、自分ではどうすることもできない運命との闘いの軌跡という「意味」を見出しました。だからこそ、あえて整形もせず「胸を張って生きる」ことができるのです。

堀内さんのこの講演には、後日談があります。

この時、聴衆の一人に、堀内さんが前から思いを寄せていた女性がいて、その後思いきって「つきあってほしい」と告白したそうなのです。

結果は、見事に（?）フラれてしまったのですが、顔の半面に青いアザのあるその女の子の次の言葉にハッとさせられた、と言います。

「堀内君がみんなの前で話をしてくれた時のことで、ずっとひっかかっていることがある。それは、堀内君が『電車に乗ってて、顔をじろじろ見られた時、見返すことができるようになった（それだけ強くなったんや）』って言ってたけど、それって『強い』ってことなんやろうか。私やったら微笑むわ」

堀内さんは、「この子も生まれてから今までずっと、僕と同じような視線を浴び続けてきた子なんだ」と思うと、言葉を返すことができなかった、と言います。失恋のショックも大きかったけれど、それ以上に、それまで「強さ」だと思っていたことが、実は「弱さ」だったんだと気づかされたことのショックのほうが大きかったというのです。

うーん、とうならされてしまう話です。

そして、お二人とも、とても素敵な生き方を実現されている方だと思います。

死の瞬間まで、生きる意味は存在する

私たちが「逃れられない運命」の最たるもの。それは、死や障害、不治の病といったものです。

こうした悲劇的な状況に直面した時、私たちはまさに、それに対してどういう態度をとるか、その運命をどう受け入れ、そこから自分の人生をどうつくっていくかが問われるのです。

フランクルは「態度価値が存在することが、人生が意味を持つことを決してやめ

ない理由である」と言います。創造価値と体験価値の両方を奪われてしまった人でも、なお、自分の運命に直面しながら苦悩することによって人生を意味あるものとすることができると言うのです。

フランクルは、このことを次の例によって説明しています。

多忙な広告デザイナーだったある若い男性が、悪性で手術もできない重篤《じゅうとく》の脊《せき》髄腫瘍《ずいしゅよう》をわずらいました。

そして、この腫瘍のために手足が麻痺してしまい、彼はデザイナーという自分の仕事を断念せざるをえなくなりました。彼はここで「創造価値」実現の可能性を断たれてしまったのです。

それでも毎日の生活を意味あるものにしようと、彼は猛烈に読書に励みました。またラジオを聴いたり、ほかの患者との会話に熱中したりしました。

ところが、病の進行に伴って、筋力が衰え、彼はもう書物を手に取ることすらできなくなりました。さらには、頭蓋骨《ずがいこつ》の神経の痛みのため、ヘッドフォンの重さにさえ耐えることができなくなり、ほかの患者と話をすることもできなくなりました。「創造価値」に続いて「体験価値」実現の可能性も奪われたのです。

しかし、この男性は、それでもなお、そうした悲劇的状況に対して次のような態度をとることで、人生を意味のあるものにしようとしました。

自分の生命がもう長くはないこと、おそらくあと数時間しかないことを悟ったこの男性は、ベッドの側を通りかかった当直医のフランクルを呼び寄せて、次のように伝えたと言います。

「午前中、病院長が回診した時にわかったのですが、私には、死ぬ数時間前になったら苦痛を和《やわ》らげるためのモルヒネを打つように指示がくだされているようなんです。つまり私は、今夜で終わりだと思います。そこで、今のうちに注射をすませておいてくださいませんか。そうすれば、あなたも私のためにわざわざ安眠を妨げられずにすむでしょうから」

フランクルは、こうコメントしています。

「この人は人生の最後の数時間にさえ、まわりの人をいたわり、気を配っている。どんなつらさや苦痛にも耐えた勇気はともかく、こうしたさりげない言葉、まわりの人を思いやるこの気持ちを見てほしい。まさに死の数時間前のことなのだ。ここには素晴らしい業績がある。職業上の業績ではなく、人間としての無比の業績があるのだ」

この患者が実現したものこそ、フランクルが「態度価値」と呼ぶものです。この例から私たちは、次のことを感じとれるのではないでしょうか。

人生には、まさに死の瞬間まで、意味があるということ。

息を引き取るその時まで、その人によって「なされるべきこと」「実現されるべき意味」はなくなることがないということ。

ついに人生が終わるその瞬間まで、「意味」は絶えず送り届けられていて、その人に発見され実現されるのを「待っている」のだ、ということを。

わが子の障害から学んだこと

私たちが受け入れなくてはならないのは、自分自身の病や運命だけではありません。いわば「運命を共にする」仲間である愛する家族に降りかかる出来事をも、私たちはいっしょに受け止めていく必要があります。

そして、家族の一人ひとりがその運命を静かに受け止め、それと「共に生きていく」決意をする時、その当人の人生も、そして家族の人生も、以前とはハッキリ違った、しかし意味のある人生へと創りあげられていくのです。

その一つに、障害を持った子を親がどう受け入れていくか、という問題があります。私たちの言葉で「障害受容」というのですが、一般論としてこの世に多くの障害児がいることはわかっていても、いざ「わが身」のこととなると、なかなかそれを正面から受け入れることはできないものです。「まさか」「どうして、よりによってわが子が」と、その現実を否定したい気持ちに駆られます。

ここで紹介する杉本さん（仮名）も同じような気持ちを抱きました。

純一君（仮名）というダウン症のお子さんをお持ちのお母さんです。

純一君が生まれる前、杉本さんにはすでに男一人、女一人の二人の子どもがいました。それなりに幸せな生活を送っていた杉本さんは、しかし、下のお子さんの誕生から十年近く経った後、「その幸せをもっと完璧なものにしたい」という気持ちを抱いて、もう一人子どもを生むことを決意します。

高齢出産なので、ダウン症の子どもが生まれる可能性もあると考え、羊水検査をお願いしようと病院に向かったのですが、「もしイエスと出たらどうしよう。中絶も絶対いやだし……」との思いに駆られて、検査をとりやめ、家に戻りました。

出産の後、ダウン症の検査の結果を知った杉本さんは、動転したり泣いたりすることはなかったものの、「これで私たちの幸せな生活に終止符が打たれた。もう心から喜び、笑うことはなくなってしまったという深い絶望感、喪失感でいっぱいだった」といいます。

私が感動したのは、その後の杉本さんの生き方・感じ方です。

しかし、それから純一との日を重ねるうちに、その思いは間違いだったことにだんだん気がつきはじめました。

前と同じように笑い、喜び、もしかしたら前よりももっと幸福感を味わっているような気さえするのです。

それは、今まで大きな挫折もなく、いつも上昇志向できた私たちが持っていた価値観が純一の誕生に伴ういろいろな経験で変化してきたからではないかと思います。

今までは、限られた世界の中で同じ状態を維持しようと汲々《きゅうきゅう》としていたのが、枠を外されてもっと大きい視野に立ってみると今まで求めていたのは何だったのかなぁ、という感じになってきたのです。

安楽な人生もいいけれど、どうせ一回きりの人生なのだから、山あり谷あり、いろいろ経験するのもまた、豊かな味わいがある一生になるんじゃないかと開き直ってしまいました。そうやって開き直ってみますと、今まで頭ではわかっているつもりでいた、物事や人の考えの多様性が実感として認められるようになってきたと思います。

純一を育てるのにも少しずつ余裕をもって、以前よりは多少客観的に見ることができるようになってきたように思うのです。

純一の誕生が私たちにもたらしたものは、とても大きいものですが、これをすべて障害児を持ったおかげと考えるのもまた、ある意味での障害児への差別ではないかとも、この頃思います。

障害児を疎《うと》んじることは悪であり、その逆に障害児を大切にすればするほど善であり、美であると世間も親自身も思いがちですが、それは障害児のみならず健常児にも言えることであり、また過敏に大切にすることがかえってよくないことも障害児、健常児共に然《しか》りなのです。

障害の有無を問わず、子育てから親が学ぶものは大きいと思います。ただ障害があった場合、多くの人の一般的体験とは少し異なったものであり、その体験が親自身の考えを見直すきっかけとなり、また健常児の場合つい見逃されがちなことがゆっくりした成長の中でじっくり確認できるだけではないかと思います。

障害を持っていることを肯定的な意味であれ「特別な子」と呼ぶのもまた、ひとつの差別なのではないかと思うのです。

こうして、杉本さんは、障害を持っている子をいかなる意味であれ、「特別な子」として見る私たちの視線が差別を生み出すのだと考え、障害児を「特別な子」ではなく、「長所も短所も障害も持った一つの人格」として見る、という見方をする必要を訴えます。

子どもの障害を否定的にとらえ、すべてをそのせいにして後ろ向きの生き方をするのではなく、「前と同じように笑い、喜び、もしかしたら前よりももっと幸福感を味わっているような気さえする」と言えるようになった杉本さんの生き方は実にさわやかです。

さらに杉本さんは、今までの自分たちは狭く限られた価値観の中での幸せを求めてきたけれど、純一君の障害のおかげで、もっと開かれた新しい価値観を持つことができるようになった、今までの幸せはほんとうの幸せだったのか、と自分たちのものの見方そのものが変化してきたことに、感謝の気持ちすら抱いているのです。

ダウン症のお子さんを持つ親御さんには、そのことに感謝の気持ちを抱く方が多くいらっしゃいます。会ってみればわかるのですが、ダウン症の子どもは可愛い。

実に素直な表情をするのです。

あるお母さんは、「私、子どもが好きではなかったけれど、○○ちゃんの前では、とても素直な気持ちになれるの。○○ちゃんに会えてよかった。ありがとう」と言っています。

障害を持つ子が生まれたことで、その運命を呪い、すべてをそのせいにして後ろ向きに生きていくか。それとも、その運命を受け止め、それによってもたらされた新しい生き方に感謝しながら生きていくか。

すべては、その同じ運命を受け止める私たちの姿勢次第、私たちの基本的な人生哲学次第なのです。

「愛する人の死」に苦しんだとしても……

避けたくても避けることのできないものに、愛する人との死別体験があります。

ある時フランクルのもとに相談に来た、年老いた医師の例を紹介しましょう。

その老医師は、二年前に妻を亡くしてからというもの、そのショックから立ち直ることができず、最近はうつ状態に陥っていました。

そして「妻のいない人生なんて、もうないのも同然。生きていたって仕方ありません」と言うのです。

何だか、こんなに愛されるなんて、いい夫婦だったんだなあ、とほのぼのした気持ちになってくるような話ですが、本人にとっては深刻です。妻がこの世にもういないということは、厳然たる事実です。

しかし、この老医師は、次のような会話の中で生きる意欲を取り戻していきました。

フランクル「しかし、先生、よく考えてごらんになってください。もし、仮にですよ、奥様よりも先生のほうが先に亡くなってしまったと想像してみてください。つまり、奥様のほうがあなたよりも長く生きていたとしたら、何が起こるかを想像してみてほしいのです」

老医師「もちろん妻は、苦しんでいると思います。ちょうど、今の私と同じみたいにです」

フランクル「おわかりでしょう、先生。奥様は、その苦しみを免《まぬか》れることができた。その苦しみから奥様を救ったのは、先生、あなたなのです。

つまり、あなたは今、もし奥様が生きていたら味わわなくてはならなかったその苦しみを、奥様の代わりに苦しんでいらっしゃる。

ですから、先生、あなたの今の苦しみには、奥様が味わわなくてはならなかったかもしれない苦しみを肩代わりしている、という意味、つまり奥様のための犠牲、という意味があるのです」

老医師はこのやりとりの後、だまってフランクルの手を握りしめ、診療室を去っていったといいます。

このように、フランクル心理学では、変えることのできない事実なら、それを何か肯定的な意味を持つものとして受け止めよう、何か私たちに大切なことを与えてくれるメッセージとしてその出来事を受け止めよう、と考えます。

つまり、ネガ（否定）からポジ（肯定）への逆転の発想。そして、この逆転を可能にしてくれる「絶対肯定の哲学」が、フランクル心理学の真髄なのです。

運命が発する「メッセージ」

ここで、あなた自身が変えることのできない運命や事実に対して、どのような態度をとっているか、考えてみましょう。

あなたには、どんな「変えることのできない運命」がありますか。容貌、スタイル、才能、運動神経、両親、病、障害、死……など。

できれば変えてしまいたいのだけれど、そうすることができない。そういう事実には、どのようなものがあるでしょうか。

一番、気になっているものを思い浮かべて、書き出してください。

あなたは、その「変えることのできない何か」に対して、これまでどんな態度をとってきたでしょう。

それを肯定的に受け止めてきましたか。それとも、何かを恨んだり、そのせいにして後ろ向きの生き方をしてきましたか。それについては、できるだけ考えまいと避けてきた人もいるでしょう。

あなたは、その「変えることのできない何か」に対して、これからどんな態度をとることができるでしょう。

それをどのように受け止めれば、人生をもっと意味あるもの、価値あるものへと高めていくことができるでしょう。

その「変えることのできない何か」は、あなたに何を教えてくれているでしょょう。それはどんなメッセージをあなたに発していて、あなたにどう生きることを求めているのでしょう。

「生きる意味」は、見出されるのを待っている

「チャンス」を信じて待つ

本書に一貫するメッセージ、それは次のようなものです。

「どんな時も、人生には意味がある。どんな人の、どんな人生にも、意味は必ずある。なすべきこと、満たすべき意味、果たすべき使命が必ずあって、それはその人に発見され実現されるのを待っている」

フランクル心理学のこの考えにもとづいて、みなさんが自分自身の「生きる意味」を探していくためのヒントを書いてきました。

けれど、いよいよこの本も、もうすぐ終わり。

ここで、次のような気持ちになってしまっている読者の方もいらっしゃるのではないでしょうか。

毎日がつまらないことのくり返しで、そんな自分をできれば何とかしたいと思ってこの本を買って読んでみたのに、結局、だめだった。生きる意味なんて、見つからなかった。

「どんな仕事にも、意味はあるんだ」とか、「変えられない運命をどう生きるか、あなたの態度が人生を決めるんだ」とか言われても、「それはわかるけど、でも、やっぱりつまらないものはつまらないし、つらいことはつらい」と思ってしまう。こんな私は、やっぱりだめなんだろうか。

もしあなたが、そんなふうに思っているとしても、大丈夫。

この本で私は、それまでの後ろ向きの人生を、前向きの人生に変えるためのヒントを提示しました。そして、それによって、今まで何をやってもちっとも変わらなかった人生が、大きく変わっていくための決定打になることは、たしかです。

だから、もしあなたが今の時点で、すっかり前向きな気持ちになれなかったとしても、この本に書いてある基本的な人生のとらえ方を、頭の片隅に置いておいてほしいのです。それはきっと、いつか役に立ちます。

どんなに大切なことを聞いたって、それですぐに人生が変わるわけではありません。人間がそんなに簡単に変われるものではないということを、私はカウンセリングをしていて、クライエントの方々から、じゅうじゅう教わってきました。

そして、これもクライエントの方々から教わったことですが、今は変われないとしても、決して人生を諦めてしまわないこと。

頭で考えて、自分を追いこんでしまわないで、「この人生には、よくわからないあいまいなことがたくさんある」ということを覚えておいて、チャンスが訪れるのを辛抱強く「待ち続ける」ことです。

私がカウンセリングをしていて学んだことの一つは、どうやら人生がどん詰まりになった時、そこから立ち直れるかどうかの分かれ目の一つは、「人生にはよくわからない、あいまいなところがある」ということを大切にできるかどうか。そして、もう一つは、人生に転機が訪れるのを「辛抱強く待つ」ことができるかどうか。この二点にかかっていると言っていいように思います。

自分をあまり理詰めで追いこみすぎず、辛抱強く待っていれば、あなたの人生が変わる転機は必ず訪れます。

だから、それを信じて待つことです。

そして、その転機がやってきた時に、それをきちんとキャッチすること。そのチャンスをぼんやりと見逃してしまわないようにすることです。

この本に書いたことは、その時、役立つはずです。

「あぁ、これはあの本に書いてあったことだな」

「これが、私の人生を変えるチャンスかもしれない」

そんなふうに思える時が、きっとやってくるはずです。

そのチャンスを逃さないためにも、この本に書いた「三つの価値」は役に立つと思います。

変わることのない人生の真実

次のように思う方もいるのではないでしょうか。

「辛抱強く待て」と言われても、チャンスが必ず来るとは限らないじゃないか。第

一、僕はもう待てない。これまで待って待って待ちくたびれているんだ。そして、自分の人生に意味があるとは、やっぱり思えない、と。

そんな方には、次のことだけは伝えておきたいと思います。

あなたは、今のままでいい。無理に自分を変えなくていい。

あなたは、何もしなくても、かまわない。

なぜなら、たとえあなたが何もしなくても、すでにあなたの人生には、意味が届けられているのだから。

あなたが、生きる意味を見出せなくても、人生のほうは、あなたに生きる意味を送り届けてきている。

あなたの人生から、実現すべき「意味」、果たすべき「使命」がなくなることとは決してない。

それは、常にそこにあって、あなたに見つけ出されるのを、いつも待っている。

フランクルは言う。

あなたが、どんなに人生に絶望したとしても、人生があなたに絶望することは決してない。

あなたが、どんなに人生に絶望し、すべてを投げ出したとしても、人生のほうがあなたに期待しなくなることはない。

死のその瞬間まで、人生はあなたに期待を発することを決してやめはしないのだ。


これまでくり返し述べてきたように、どんな時も、人生には意味があります。どんな人の、どんな人生にも意味はあり、それはあなたが生きている限り、決してなくなることはありません。

このことは、あなたがどれほど絶望しようと、そして、この人生に意味なんてありはしないと思おうと、それとはかかわりなく、いつも成り立っている人生の真実です。

あなたがどれほど絶望しようと、あなたの人生には、意味が与えられています。

あなたがどれほど、生きる意味なんてないと思おうと、それとはかかわりなく、あなたの人生には、意味が、果たすべき使命が、必ず与えられています。

あなたに発見されるのを、待っているのです。

どんなに人生に絶望的になってしまったとしても、この本に、こんなふうに書いてあることだけは、決して忘れないでください。

あなたがどう思うかにかかわりなく、あなたの人生には、もう意味が与えられてしまっている。

そして、その意味は、あなたに発見され実現されるのを待っている。

だから、この本を読み終えた今、やっぱり人生の意味なんて見つからなかったと落胆《らくたん》しているあなたも、決して焦《あせ》る必要はありません。

なぜなら、あなたが生きている限り、あなたの人生の意味は、決してなくなりはしないから。

あなたがどんなに失敗をくり返そうと、あなたの人生の意味は、消えていったりしません。あなたがどれほど深く絶望していようと、あるいはまた、私はこの人生で何をすればいいのかわからない、いったい何のために生まれてきたのかと焦っていようと、あなたの人生の意味が、あなたの人生から消えていくことは、決してありはしないのです。

あなたの人生の意味、果たすべき使命は、それでもずっと、あなたに発見されるのを待っているのです。

そうです。あなたの人生の意味は、あなたがどうなろうと、何をしようと、すでに与えられています。そして、あなたに発見され実現されるのを待っています。あなたが人生に絶望しても、人生があなたに絶望することはありません。あなたに期待を発するのをやめることはないのです。

これは、たとえあなたが、どんなに自堕落《じだらく》な生活をしようと、たとえ殺人を犯そうと、決して変わらない人生の真実です。

だから決して焦る必要はないし、諦める必要もありません。

もちろん、今あなたが「あぁ、これが私の人生の意味だったんだ」「これが、この世で私のいのちが果たすべき使命なんだ」と思える、そういったものを見つけることができているならば、それに越したことはありません。

しかし、考えようによっては、そうできるかできないかは、たいしたことではないのです。

なぜなら、たとえあなたが見つけられなくても、あなたの人生の意味は、もうすでに、あなたの足下に、送り届けられているのですから。

もうすでに、そこに、あるのですから。

だから生きる意味なんて、見つからなくたって、へいちゃら。あなたが見つけられなかっただけで、それはもうそこに、ちゃんとあるのですから。

たとえれば、それは、あなたが部屋の中に隠したために、いくら探しても見つからなくなってしまった大切な宝物のようなもの。

でも平気。それはちゃんと、あなたの部屋の中にあるのです。

今日、明日、見つけられなくたって、いつか見つかればいいのです。

生きる意味も同じ。

この世で果たすべき使命も同じ。

今日、明日、見つけられなくたって、平気です。

死ぬまでのある日に「そうか、私はこのために生まれてきたのか」と思える、そんなものが一つ、見つかればそれでいいのです。

そうすれば、「やっぱり生きていてよかった」と心の底から、思えるはずです。

だから、決して焦らないこと。

それはもう、あなたの足下に、ちゃんと与えられているのだから。そして、あなたに見つけ出されるのを、ずっと待っているのだから。

おわりに

カウンセリングをしていると、「生きていても意味なんてない。意味がないうえにつらいことばかりたくさんあるから、もう耐えられない。死にたい」と、そう訴える方によく出会います。

もちろん、そんな方に「いや、どんな時も、人生には意味があるんだ」といきなり説得にかかったところで、通用しません。

では、カウンセラーは何をするかというと、ただただ、祈るような気持ちで、その方に「でも、生きていてよかった」と思えるような体験が訪れるのを待ち続けます。そして、ひたすら、その方の苦しみに耳を傾け続けるのです。

不思議なもので、祈るような気持ちで、その方の苦しみを何年かにわたってお聴きし続けていると、いずれ、かすかな「いのちの息吹《いぶき》」のようなものが感じられてきます。

そして、その息吹を大切に大切に聴いていくと、だんだんとその方の内なる「いのち」が活性化されてきて、ついには、「こんなことがあると、やっぱり生きてみようかという気持ちになります」とか、「生きてみようと思います」といった言葉をポロリともらされることがあるのです。

前に、こんなこともありました。

NHKの「ラジオ深夜便」というラジオ番組に出させていただき、フランクルの考えを紹介した折のことです。

その数日後、私の研究室に一枚の葉書が届きました。

私は今、五十代半ばのホームレスです。

仕事を失い、家族も失って、もう人生を投げ出してしまおうと思っていました。死のうと思っていたのです……。

そんな時、たまたまつけたラジオで、先生の、フランクルのお話をうかがいました……。

もう少し、生きてみようと思います。

ありがとうございます……。


嬉しかった。

フランクルの心理学を学び、そのエッセンスを紹介してきてよかった、と思いました。

と同時に、フランクルの著作が、そして、そこに記された思想が、読者に生きる意欲を奮い立たせる力を持っていることを改めて認識させられました。

人生、いろいろなことがうまくいかず、苦しいことの連続のように思えることも少なくありません。

しかも、いったん悪いことが起こりはじめると、これでもかというくらいに、連鎖して悪いことが起こるものです。

いくらなんでも、神様、それはやりすぎだろう。私がこの人だったら、とうに音《ね》をあげている。すごいな、この人。よく耐えられるな。そんな気持ちをクライアントの方に抱くこともあります。

フランクルの著作は、そんな「人生、どうしようもない時」に、とびき効きます。フランクルの言葉は、そんな、人生を諦めかけ絶望しかけた人々の、魂を揺さぶる力を持っています。

人生を諦めかけ、自暴自棄になり、「もう、すべてを投げ出してしまいたい」と思っている、そんな人の魂を揺さぶって、「もう少し、生きてみよう」という思いをかき立てる力を持っているのです。


どんな時も、人生には、意味がある。

なすべきこと、満たすべき意味が与えられている。

この世界のどこかに、あなたを必要とする「何か」がある。

この世界のどこかに、あなたを必要とする「誰か」がいる。

そして、その「何か」や「誰か」は、あなたに発見され実現されるのを「待って」いる。

「何か」があなたを待っている。

「誰か」があなたを待っている。

私たちは、常にこの「何か」「誰か」によって必要とされ「待たれている」存在なのだ。

だから、たとえ今がどんなに苦しくても、あなたはすべてを投げ出す必要はない。

あなたがすべてを投げ出しさえしなければ、いつの日か、人生に「イエス」と言うことのできる日が必ずやってくるから。

いや、たとえあなたが人生に「イエス」と言えなくても、人生のほうからあなたに「イエス」と光が差しこんでくる日が、いつか、必ず、やってくるから。


フランクルは、あなたに、そう訴えかけてくれるのです。

なお、自分のむなしさや人生の意味をより深く見つめたい方には、拙著『〈むなしさ〉の心理学』『人生に意味はあるか』（いずれも講談社現代新書）を、人生における困難や苦難の意味を考えたい方には『生きていくことの意味』（PHP新書）を、中高年の方で自分の生まれてきた意味や自分の人生に与えられた使命について考えたい方には『魂のミッション』（こう書房）『50代からは3年単位で生きなさい』（KAWADE夢新書）を、フランクル心理学をよりくわしく知りたい方には『知の教科書 フランクル』（講談社選書メチエ）『NHK「100分de名著」ブックス フランクル 夜と霧』（NHK出版）『フランクル心理学入門 どんな時も人生には意味がある』（角川ソフィア文庫）をお勧めします。

私の本を読まれた方から、講演やワークショップの場で、「生きる勇気がわいてきました。ありがとう」「何だかエネルギーをもらった気がします」などと声をかけていただく機会も増えてきました。

なかには、わざわざ遠方から「先生と会うためにやってきました」などと言ってくださる方もいらっしゃいます。嬉しい限りです。
本書を読まれた方と、またどこかでお会いできるのを楽しみにしています。どうぞお気軽に声をかけてください。

二〇二四年一月

諸富祥彦

気づきと学びの心理学研究会〈アウエアネス〉のご案内

本書で紹介したフランクル心理学をはじめ、人生を豊かにするさまざまな心理学を学んで自己成長を目指していく体験的な学びの場（ワークショップ）です。「人生を豊かにする心理学」を学ぶ場ですから、学歴や資格にかかわらず、どなたでも参加できます。心理士やカウンセラー、コーチなどの方も多く参加されています。Ｚｏｏｍ参加、会場参加を選べますので、地方の方も参加できます。

諸富祥彦のホームページ（https://morotomi.net/）の研修会情報をご覧いただいたうえで、メール（awareness@morotomi.net）、ＦＡＸ（０３－６８９３－６７０１）、郵便のいずれかで、申込みや問い合わせをなさってください。

〒101-0062　東京都千代田区神田駿河台１－１　明治大学14号館６階Ｂ６１１
気づきと学びの心理学研究会〈アウエアネス〉事務局係

この作品は、一九九九年一月に大和出版から刊行され、さらに二〇〇六年十二月にＰＨＰ研究所から文庫化された『どんな時も、人生には意味がある。』を改題、加筆・修正したものである。

装丁　石間 淳
装画　オオヒロヨーコ

〈著者略歴〉
諸富祥彦（もろとみ　よしひこ）
1963年、福岡県生まれ。筑波大学人間学類、同大学院博士課程修了。千葉大学教育学部講師、助教授を経て、現在、明治大学文学部教授。教育学博士。臨床心理士、公認心理師、上級教育カウンセラーなどの資格を持つ。日本トランスパーソナル学会会長、日本カウンセリング学会理事、日本教育カウンセラー協会理事、教師を支える会代表、気づきと学びの心理学研究会〈アウエアネス〉主宰。『〈むなしさ〉の心理学』（講談社現代新書）、『知の教科書 フランクル』（講談社選書メチエ）、『NHK「100分de名著」ブックス フランクル 夜と霧』（NHK出版）、『フランクル心理学入門 どんな時も人生には意味がある』（角川ソフィア文庫）、『生きていくことの意味』（ＰＨＰ新書）など著書多数。

諸富祥彦のホームページ
https://morotomi.net/

［新版］どんな時も人生に「YES」と言う

2024年4月1日　第1版第1刷発行

著　者　諸富祥彦
発行者　永田貴之
発行所　株式会社ＰＨＰ研究所
東京本部　〒135-8137　江東区豊洲5-6-52
ビジネス・教養出版部　☎03-3520-9615（編集）
普及部　☎03-3520-9630（販売）
京都本部　〒601-8411　京都市南区西九条北ノ内町11
PHP INTERFACE　https://www.php.co.jp/
組　版　有限会社エヴリ・シンク
印刷所　株式会社精興社
製本所　東京美術紙工協業組合

ISBN978-4-569-85687-2